AF464294

CORRESPONDANCE

POLITIQUE,

PAR P. ENFANTIN.

1835 — 1840.

EXTRAIT DU JOURNAL LE CRÉDIT.

PARIS,
AU BUREAU DU JOURNAL LE CRÉDIT,
RUE MONTMARTRE, 154.

1849.

PARIS. — Imprimerie POUSSIELGUE, rue du Croissant, 12.

TABLE.

1re PARTIE. — POLITIQUE INDUSTRIELLE.

2e PARTIE. — POLITIQUE GÉNÉRALE.

3e PARTIE. — POLITIQUE ÉTRANGÈRE.

(Question d'Orient.)

CORRESPONDANCE
POLITIQUE.

POLITIQUE INDUSTRIELLE.

I.

Alger, septembre 1840.

MON CHER AMI,

Un de nos grands rêveurs disait, dans les premières années de la Restauration : « Nous voilà délivrés des militaires, mais, pour Dieu! prenons garde aux avocats; les avocats de 89 ont préparé la Révolution, les militaires l'ont faite; mais il y a autre chose que des révolutions à faire, et la robe et l'épée ne sont pas toute la société; mettons donc l'industrie et les industriels en avant. »

Le rêveur disait vrai; nous ne terminerons la grande lutte du *journalier* avec le *maître* qu'à cette condition; nous n'organiserons le travail que lorsque les *organisateurs*, c'est-à-dire les gouvernans, seront des *travailleurs*.

L'homme qui sait deviner quelles sont les fonctions humaines qui tendent à décroître, et quelles sont celles qui sont en croissance, a une excellente boussole pour sa conduite politique et pour sa conduite privée; c'est comme le négociant qui devine que telle marchandise sera recherchée, telle autre délaissée; celui-là fait sa fortune. En toutes choses, le génie n'est que cette divination. Or, qui succédera à MM. Guizot, Broglie, Cousin, Rémusat, Mignet, Thiers, Jaubert,

Passy, Duchâtel, tous anciens rédacteurs du *Journal philosophique et littéraire* le GLOBE?

Là est toute la question politique.

Ou ce sont des élèves de ces messieurs, marchant dans les mêmes voies, ou bien c'est une nature d'hommes différens, autrement élevés, autrement occupés, nourris d'autre chose que de philosophie, de littérature, de métaphysique, ontologie, psychologie, etc.

Mais il faut se décider rondement et choisir. Ou bien, il faut faire la société à leur image, comme on était façonné jadis sur le moule chrétien, comme nous étions tous de *petits caporaux* sous Napoléon; ou bien, au contraire, il faut aider la société à se dégager du linceul qu'en mourant ces messieurs jettent sur elle.

La fonction humaine, évidemment en croissance depuis un demi-siècle, et surtout depuis vingt ans, est précisément celle qui, dans notre organisation sociale ancienne, était traitée comme mineure, qui était considérée comme *non noble* (je pourrais dire ignoble), qui faisait déroger, qui avait été le lot des esclaves, puis celui des Juifs et des serfs, puis celui de quelques races particulières par lesquelles elle avait été presque anoblie, comme les Vénitiens, les Lombards, et les bourgeois de quelques villes d'Allemagne ou de Hollande, puis enfin, celui de l'immense majorité de ce tiers-état qui, en détruisant la noblesse, fit entrer sa fonction sociale en ligne gouvernementale; c'est l'industrie.

J'admets que parmi les philosophes régnans, ci-dessus nommés, il y en ait quelques-uns qui *sachent* assez bien ce que c'est que l'industrie; de même, plusieurs d'entre eux peuvent *parler* de guerre d'une manière fort distinguée; toujours est-il qu'il n'y en a pas un qui soit guerrier ou industriel; l'épée et la navette ne vont pas à leur main, mais seulement la plume; et, ainsi qu'ils auraient été déplacés comme ministres et conseils de Napoléon, ils seraient également déplacés en qualité de ministres et conseils d'un roi ayant mission *industrielle* comme Napoléon avait mission *militaire*.

Pourquoi les trois plus beaux noms de ministres, depuis près de trois siècles, sont-ils Sully, Colbert, Turgot?

Pourquoi aussi ces trois noms sont-ils synonymes d'*agriculture, manufactures, commerce?*

Ce n'est pas le hasard, c'est Dieu qui fait ces rapprochemens et qui donne à l'humanité ces enseignemens, simples comme les commandemens de la Bible.

Et pourquoi donc aussi cette *force* nouvelle, conquise par l'homme, force que Napoléon lui-même a méconnue et repoussée quand Fulton la lui offrait, force que nos savans ingénieurs n'ont pas encore su appliquer à l'art de la guerre, et qui met en mouvement le mécanisme de la production?

Après la découverte de la poudre à canon, on a pu prévoir le système des guerres modernes; après l'imprimerie, les prophètes ont pu prédire notre presse quotidienne. Depuis la machine à vapeur, qui ne voit les merveilles de l'industrie future? C'est elle qui a trouvé son arme aujourd'hui, comme les *hommes d'épée* et les *hommes de plume* avaient trouvé les leurs il y a trois à quatre siècles.

Après la poudre à canon, sont venus les armées soldées, les armes spéciales, les évolutions de masses, les costumes réguliers, l'ordre, la discipline.

Après l'imprimerie, l'*esprit* de Dieu s'est promené sur toute la terre, mille fois plus rapidement que son *verbe* n'avait pu le faire.

Après la machine à vapeur, que se passera-t-il dans le monde?

Mais tout ceci sent un peu la poésie peut-être, revenons au positif.

Ce qui est positif, c'est que la population ouvrière fermente.

Ce qui est positif encore, c'est qu'il ne s'agit pas pour elle de la question métaphysique de liberté, mais d'une question très physique de *réglement des bénéfices du travail*, du *salaire*. Ce qui est encore très positif, c'est que les brouillons politiques peuvent bien l'exciter et l'aider à remuer, mais qu'il y a, au fond, autre chose que cette excitation des révolutionnaires de profession.

Enfin, ce qui est malheureusement plus négatif encore que positif, c'est que cette masse n'a pas de *religion*, bien peu d'*instruction* et encore moins de *bien-être*.

Or, ce sont les trois principales conditions d'ordre, de moralité, de sociabilité qui lui manquent.

A défaut de religion, je suis loin de dire qu'il faille lui parler de Dieu, de la Trinité ou de tout autre dogme *universel*. Je sais fort bien que ce n'est pas à un athée qu'il faut parler immédiatement de la vie éternelle pour lui faire prendre patience sur le présent; mais je sais aussi qu'il n'y a pas d'homme, quelque bas qu'il soit, moralement, intellectuellement ou physiquement, qui ne puisse être sauvé par un sentiment, une idée ou une nourriture appropriés à la faiblesse de son ame, de son esprit ou de son corps.

Nôtre peuple n'a pas de *religion*, mais il est susceptible de *passion*; celle-ci mène à l'autre.

Il n'a pas *d'instruction*, mais enfin il *sait son état*, son métier.

Il est *pauvre*, mais partout il peut *gagner son pain*.

Je reprends ces trois idées en ordre inverse, et je dis:

L'homme qui *gagne son pain*, qui *sait son état*, qui est *passionné*, est peuple aux yeux du peuple; ce sont les trois vertus, qualités ou capacités qu'il reconnaît et qu'il estime, parce qu'il les possède; c'est là son critérium de justice, sa règle de conduite, son dogme religieux.

Prouver au peuple qu'on sent ce que c'est que *gagner son pain* et celui de ses enfans, à la sueur de son front, qu'on estime celui qui *sait son état*, qu'on aime celui qui *a du cœur*, c'est prendre l'autorité sur lui par *droit de conquête*. Et pourquoi donc craindre de le lui dire? Pourquoi donc ne pas employer envers lui cette langue que tout homme qui a conduit des soldats prodigue si souvent pour relever le courage et faire combattre jusqu'à la mort?

Ne le flattez pas du bout des lèvres, il sentirait trop bien le mensonge; il s'y tromperait moins que le soldat; il est plus fin, l'ouvrier.

Mais cette langue glorieuse du travail n'est pas faite, direz-vous; je le sais bien, il faut la faire. Aujourd'hui la gloire et la victoire, les lauriers et les guerriers sont des rimes faciles, qui encombrent la bouche quand on parle à des soldats; et si l'on veut parler à l'ouvrier, la bouche reste béante, ou du moins pas un son ne va à son ame. Le général qui harangue ses troupes qu'a-t-il à dire? Un mot, un rien, car lui-même court au devant des balles, en tête de sa colonne, et le panache blanc de Henri est sublime, il entraîne.

Mais pourtant Henri-le-Grand a découvert au fond de son ame un vœu qui fait bénir encore son nom par le prolétaire : la poule au pot.

Vous savez que je ne suis pas de ceux qui pensent que pour être bon général il soit absolument nécessaire d'avoir été soldat; de même, pour commander à des ouvriers, je crois très inutile d'avoir été manœuvre; mais pour commander à des soldats il faut avoir le *cœur militaire*, pour commander aux ouvriers il faut avoir le *cœur industriel*; il faut que le soldat et l'ouvrier sentent que leurs passions sont dans votre âme, que vous êtes leur véritable représentant, que vous aimez et voulez ce qu'ils aiment et ce qu'ils veulent; que vous comprenez leurs besoins, leurs peines, leurs plaisirs, que vous songez à eux et confondez leur gloire avec la vôtre.

Oui, la langue est à faire, et je dirais même que, par ses progrès, seront signalés nos progrès généraux vers l'ordre. Malgré la différence des choses, il en est de la langue industrielle ce qu'il en fut de la langue chrétienne, qui ne s'est pas créée en un jour; lorsqu'un fait nouveau s'introduit dans le monde, lorsqu'une science se fonde, ne faut-il pas le mot et la nomenclature qui expriment le fait et constituent la science? Or, c'est un ordre social nouveau dont l'humanité est grosse; ce n'est plus le tiers qui, *s'affranchissant*, compose la langue de la *liberté*; c'est *l'industrie* qui, pour *s'organiser*, exige une parole d'*ordre* nouvelle. Dieu dit : Que la lumière soit, et la lumière fut. Eh bien! que le Verbe industriel se fasse entendre, et l'industrie sera, elle qui est encore dans le chaos!

Mais, bon Dieu! quel malheureux verbe industriel j'entends, lorsque j'écoute nos excellens bourgeois à pignon sur rue! Quelle parole maladroite que celle qui se répète comme un mot d'ordre dans tous les journaux des propriétaires, pour engager les ouvriers à rester tranquilles et à attendre patiemment des mois, des années, presque des siècles, eux *journaliers*, qu'on daigne s'occuper de leur sort! « Quand donc les ouvriers comprendront-ils, dit-on, que ce n'est pas par les émeutes, le refus de travail, les coalitions, qu'ils parviendront à améliorer leur sort? » Ils le comprendront, morbleu! quand ils verront que vous vous occupez d'eux, que vous avez réellement envie d'améliorer leur sort, et que votre envie n'est pas oisive, étendue sur son oreiller doré. Votre position vous oblige à témoigner même plus de zèle, plus d'activité pour atteindre ce but, que si vous étiez journaliers vous-mêmes et non journalistes.

Les prolétaires ne peuvent-ils pas dire, au contraire, de leur côté:

« jusques à quand les bourgeois croiront-ils qu'avec des baïonnettes et la prison, ils parviendront à étouffer nos plaintes et nos réclamations? » D'ailleurs ne savent-ils pas que, vous-mêmes bourgeois, vous tiers-état, c'est par la révolte, la grande émeute, le bouleversement d'un autel, d'un trône, par une révolution, que vous avez forcé vos anciens maîtres à écouter vos remontrances? Plus éclairés que ne l'étaient la noblesse et le clergé, profitez donc de l'expérience, et ne poussez pas le tiers-état actuel à vous détrôner.

Voici dix années qu'après une révolution *politique*, nous annoncions, vrais prophètes, cet orage qui grondait, au loin encore, il est vrai, mais qui, depuis, est arrivé noir sur notre tête. Alors, on ne songeait qu'au parti-prêtre, aux carlistes, aux bonapartistes, aux républicains, et nous disions, en voyant ces prolétaires qui venaient d'essayer leurs forces à renverser un trône, nous disions : Voici les barbares! et maintenant encore, lorsque des hommes supérieurs se laissent absorber par quelques bruits de guerre impossible, lorsque, les yeux fixés sur Constantinople, sur Alexandrie ou Pétersbourg, ils oublient qu'ils ont à leur porte ce Spartacus installé aux Tuileries depuis **1830**, lorsqu'ils croient s'en délivrer par quelques patrouilles civiques, je crie encore : Voilà les barbares!

La *guerre des esclaves* est recommencée, mais, grâce à Dieu, ce n'est plus d'un *affranchissement* qu'il s'agit; la liberté est conquise pour tous : c'est une *association*, une *organisation* que le prolétaire réclame.

Arago lui-même, le grand citoyen, n'a-t-il pas dit que la réforme électorale n'était qu'un *moyen*, mais que le *but* était l'organisation du travail? MM. Laffitte, Carnot, Buchez, je les connais assez, et je sais bien que c'est là leur pensée. Mais ils marcheront vers ce but à *tout prix*, tandis que c'est par le gouvernement seul qu'il pourrait être atteint sans désastres. Il n'y a pas à dire, il faut détrôner le comité directeur, ou l'on sera détrôné par lui; et l'on ne détrônera pas plus Arago et Laffitte avec la prison et les baïonnettes, qu'on n'a détrôné les ventes du carbonarisme sous la restauration, en fusillant Berton et les sergens de La Rochelle, et les conspirateurs de l'épingle noire, de Béfort et de Colmar. M. Guizot et M. Decazes le savent bien; M. Barthe et M. Mérilhou le savent aussi, mais par une autre raison.

POLITIQUE INDUSTRIELLE.

II.

Alger, septembre 1840.

Mon cher ami,

Il me semble que je suis presque d'accord avec le programme industriel de M. D........; m'étais-je mal exprimé dans la lettre qu'il combat, ou bien tire-t-il de fausses conséquences de ses propres principes? Peut-être ces deux causes se sont-elles réunies pour l'exciter à la guerre, et moi, au contraire, à la paix.

Il faut, dit-il, *mettre les* MOYENS D'INSTRUCTION *à la portée de tous*. Sans doute M. D. entend par là que l'instruction ne sera pas donnée par caste, et qu'elle ne sera pas conçue de manière à forcer le fils de l'ouvrier à ne recevoir qu'une instruction d'ouvrier, et le fils du militaire, du magistrat, du littérateur, à entrer dès son bas âge dans des écoles militaires, de droit ou littéraires. En d'autres termes, il entend certainement que l'éducation et l'instruction soient données à tous les enfans, *en raison de la capacité propre à chacun d'eux*, quelle que soit la profession de son père; c'est-à-dire que celui qui a vocation et capacité pour être militaire, magistrat, négociant, artiste, ouvrier, soit progressivement élevé, dirigé, vers la profession à laquelle il est apte.

Le second article du programme est celui-ci : il faut que *les* OUTILS *inventés dans les pays étrangers soient recherchés et indiqués aux ouvriers qui n'ont pas le moyen de courir après.*

Ici, je crois qu'il y a un mot, et un mot important, d'oublié; je dis oublié, parce que M. D. est un des grands admirateurs de ce mot et connaisseur dans la chose qu'il représente; je veux parler du CRÉDIT. Ainsi, les instrumens de travail que le travailleur n'a pas le moyen de se procurer, il faut non-seulement qu'on les recherche pour lui, qu'on les lui indique, mais aussi qu'on les lui AVANCE, lorsqu'il en est digne, lorsqu'il est capable de les bien employer.

A la vérité, M. D. ajoute : il faut *organiser l'*ÉDUCATION *publique et le* CRÉDIT. C'est aussi ce que je demande, et ce que j'espère de notre siècle.

Si l'instruction industrielle, telle que M. D. l'entend, était constituée, je suis bien certain qu'il admettrait l'utilité, pour la terminer et avant de faire entrer l'enfant dans l'atelier, de la délivrance d'un brevet de capacité, comme cela se fait déjà, je crois, à l'école de Lamartinière, à l'école des arts et manufactures, à celle du commerce et de l'industrie, comme cela se fera partout où il y aura la moindre idée d'ordre et d'organisation.

Ainsi donc, INSTRUCTION pour tous, selon la capacité de chacun, et BREVET de capacité à la sortie des écoles pour l'entrée dans le monde; voici la base d'organisation de la génération adolescente.

Pour les hommes, CRÉDIT à tous, en raison de la capacité de chacun, constatée d'abord par le brevet d'école, et ensuite et progressivement, par les *grades* obtenus, mérités, décernés.

Je viens d'ajouter un mot nouveau à ce programme, celui de *grades*, et je sais fort bien que c'est celui qui peut soulever la plus rude tempête. Ce mot-là, certainement, M. D. ne l'a pas oublié; il n'en veut pas, j'en suis sûr; il en a peur; et pourtant, remarquez bien que M. D. est administrateur de la Banque, que vous êtes membre de la chambre du commerce, que M. D. veut des prud'hommes, que toute fabrique a des apprentis, des compagnons et des maîtres, et que tout état a également des apprentis, des compagnons et des maîtres. Il est donc incontestable qu'il y a, et qu'il doit y avoir des grades dans l'industrie; la seule question à examiner, serait de savoir si ces grades, qui existent aujourd'hui, sont des gages d'ordre, de moralité, de travail; si la hiérarchie industrielle (car il en existe une; qui donc s'en passe dans le monde?) est bonne ou a besoin d'être constituée sur de meilleures bases.

HONNEUR *au travail et à l'économie,* dit encore M. D.; MÉPRIS *à l'oisiveté et à la dissipation*; certes, je fais chorus; mais pourvu que ces mots *honneur et mépris* soient, comme on l'a voulu de la Charte, une vérité; c'est-à-dire que l'un soit accompagné d'une élévation, et l'autre d'un abaissement; sans cela l'honneur sera fumée, et le mépris moins encore que fumée, rien du tout; les laborieux et les économes seront le jouet des Robert-Macaire, oisifs et dissipés; honneur et mépris, pourvu que cela signifie *grader* et *dégrader*; en un mot, juger, classer, hiérarchiser, ou mieux encore ORGANISER.

Je crois que la seule chose qui nous empêche de nous entendre, c'est que M. D. pense que je veux qu'on *organise* l'industrie comme on organise un ministère ou une préfecture, ou comme on fait des députés et des électeurs, c'est à dire par des procédés dans lesquels la véritable *capacité* de l'individu n'a été développée, appréciée et constatée par aucun *brevet d'éducation,* par aucun *crédit* régulièrement ouvert, par aucun *grade* décerné. Or, telle n'est pas mon intention; au contraire, et je suis très désolé que, pour être ministre, préfet, député, électeur, il n'y ait aucune condition imposée légalement : 1° *d'éducation spéciale* propre à faire des gouvernans (métier qui exigerait plus que tout autre une éducation spéciale); 2° *d'apprentissage* obligatoire avant de disposer de la vie et de la liberté des citoyens, comme il y a un *stage* avant d'être avocat; 3° enfin de *hiérarchie*, afin qu'on ne puisse pas sauter, du jour au lendemain, d'un journal à un portefeuille, du boulevard de Gand à une préfecture, et de son lit de repos à la tribune. Evidemment, si l'on pense que c'est une pareille organisation que je veux faire descendre du haut de notre système gouvernemental dans les rangs désordonnés de l'industrie, on se trompe fort; car j'aimerais réellement mieux notre anarchie industrielle qu'une industrie parlementaire. Il y a des gens qui ont cru qu'ils introduisaient dans notre régime gouvernemental la condition de *capacité*, en prêchant l'adjonction de ce qu'ils appelaient les capacités; les mêmes gens, sans doute, proposeraient d'appeler les médecins et les avocats dans l'élection des prud'hommes et des juges de commerce; mais ce n'est certainement pas moi qui commettrais pareille faute, et qui voudrais que le gouvernement organisât l'industrie, s'il n'était pas lui-même industriel, c'est-à-dire si ceux de ses délégués, chargés par lui d'organiser l'industrie, n'étaient pas des industriels, comme ses officiers d'artillerie sont des artilleurs et non des apothicaires, et encore des artilleurs *élevés, brevetés* et *gradés*, en vue de l'œuvre qu'ils ont à accomplir.

Sans contredit, l'humanité est l'association industrielle, comme le globe est l'atelier de l'industrie; or, de même que l'atelier devient chaque jour plus commode, plus confortable, mieux organisé, et que chaque chose y est mieux à sa place, de même, dans l'association industrielle humaine, chaque peuple, aussi bien que chaque individu, tend à occuper la place qui correspond à sa capacité. Qu'on ne gêne pas cette tendance humaine, dit M. D.; *laissez faire*, disait M. Say, et cette tendance individuelle ou nationale atteindra son but, chacun *prendra sa place* selon son mérite, dans le grand atelier social, chacun y sera *rétribué* tout naturellement suivant ses œuvres.

Je demanderai d'abord pourquoi limiter à l'industrie proprement dite un pareil principe; pourquoi ne pas dire la même chose pour toutes les institutions humaines dont le but est de fixer la place des individus, en leur imposant des conditions pour y arriver? Pourquoi, par exemple, ne pas dire à tous : Soyez gouvernans, militaires, ingénieurs, médecins, apothicaires, boulangers même, soyez professeurs, acteurs, journalistes, frappez monnaie, faites de la poudre, vendez des poisons, comme vous voudrez, à la garde de Dieu! Il y a bien quelques personnes qui ont poussé le principe presque jusque là; mais pourquoi M. Say et M. D. ne l'y poussent-ils pas eux-mêmes?

Je sais fort bien que tout principe, poussé jusqu'à ses dernières conséquences, mène à l'absurde, parce que rien d'absolu n'est fait pour l'homme, mais en considérant comme des exceptions fatalement nécessaires les restrictions à imposer au *laissez faire*, en regardant le gouvernement, dans cette fonction de police inévitable, qu'à grande peine on lui concède, comme un *ulcère rongeur*, comme un mal nécessaire mais déplorable, M. Say et tous ceux qui pensent comme lui sont plus terribles encore que les partisans les plus absolus et les plus exclusifs de la liberté, que les anarchistes les plus exaltés; ils sont plus terribles, dis-je, plus profondément hostiles contre tout gouvernement, parce qu'il y a au moins quelque chose de digne dans l'homme qu'on accuse de despotisme, tandis qu'il n'y a que de l'ignoble dans celui qu'on traite comme un espion de police, un allumeur de réverbères, un balayeur de rues et d'égouts, un vidangeur.

Non, le gouvernement, l'administration, l'organisation de la société humaine n'est pas une exception nécessaire mais déplorable au principe de vie de l'humanité; l'*ordre* est une des lois de sa destinée aussi bien que la *liberté*; *ordre*, parce qu'il y a un tout; *liberté*, parce qu'il y a des individus; et tout phénomène de la vie sociale doit porter cette double devise, et ces deux principes ne deviennent *Charte-vérité* que du jour où les gouvernans sentent que leur mission est de faire donner à chaque gouverné l'*éducation*, la *fonction* et le *grade*, correspondans à sa *vocation*, à sa *capacité*, à son *mérite*.

Mais on demande toujours : Qui donc classera les capacités? Je réponds : Les plus capables; et je demande à mon tour : Qui donc aujourd'hui classe les divers crédits à accorder par les banques? Imaginez-vous quelle serait l'illusion qui troublerait l'esprit de nos industriels, s'ils s'avisaient un jour de dire : « Que la banque nous laisse tranquilles! Elle nous classe, elle nous juge, elle donne à l'un, refuse à l'autre; elle *gouverne* nos affaires; car enfin s'il lui plait ou lui déplait de nous accorder crédit, nous augmentons nos affaires ou nous sommes contraints de les réduire. » Je concevrais qu'on eût dit cela avant l'institution des banques, et en effet on l'a dit; bon nombre de défenseurs de la liberté s'écriaient : Voilà des gens qui sauront nos affaires, dont l'opinion sur notre crédit sera considérée comme généralement juste, et qui, par conséquent, nous feront, pour ainsi dire, porter au front le signe de notre valeur réelle; ils abuseront, tyranniseront, monopoliseront, etc., etc., et ces républicains industriels ne s'apercevaient pas que lorsqu'ils avaient besoin d'argent, avant l'établissement des banques, il leur fallait aller en cachette, à confesse, aux pieds d'un escompteur, agioteur, prêteur sur gages, c'est-à-dire subir le despotisme le plus vorace et le plus humiliant.

Elargir le cercle commercial et industriel de l'institution des banques, créer une institution analogue pour le crédit agricole, voici des institutions que le gouvernement peut, je le crois, inspirer, encourager, faciliter, et qui, ce me semble, ne sont pas de nature à lui attirer, s'il s'en mêle, un : *laissez-nous tranquilles*!

Mais j'attends M. D. au ministère des *finances* (et je serais heureux de l'y voir); je suis bien sûr qu'il ne rêverait qu'à des œuvres de ce genre, pour illustrer, pour immortaliser son passage aux affaires. Et je lui réponds que si j'étais son collègue à *l'instruction publique*, je n'aurais autre chose en vue que de donner à tous l'instruction correspondante à la vocation étudiée de chacun; et si vous étiez notre collègue aux *travaux publics*, je suis bien certain que vous voudriez qu'on ne parvînt aux places, aux *grades*, dans ce grand atelier industriel dont vous auriez la direction, que par la voie légitime du mérite personnel, reconnu, constaté par les maîtres de l'art.

Or, je n'en demande pas davantage pour l'année 1840, et cela vaudrait mieux que tous nos grands discours de tribune, notre guerre de portefeuilles et nos intrigues électorales. Alors nos préfets auraient autre chose à savoir et à faire que des révisions de conscrits, des budgets de recettes et dépenses, des caresses ou des niches aux électeurs, des courbettes aux députés; ils seraient obligés de rendre HONNEUR AU TRAVAIL et MÉPRIS A L'OISIVETÉ, ce qui donnerait, j'en suis sûr, une tournure toute nouvelle à leurs salons et même à leur salle à manger.

Du temps de Napoléon, les salons des gouvernans étaient remplis de militaires, et les dames s'y disputaient, comme en champ clos, les plus beaux donneurs de coups de sabre; les aimables colonels que M. Scribe a si bien su peindre étaient les héros du *monde*; aujourd'hui, les salons sont pleins d'électeurs en habit noir, et nos lionnes et nos tigresses s'arrachent un maigre fantôme d'avocat, ou bien un caverneux et sépulcral médecin, tous deux housards et chasseurs dans la guerre de la parole; le gros propriétaire fait galerie et digère.

Mais l'industrie est là, me dira-t-on ; elle y a ses plus illustres représentans. Pas du tout, elle n'y est pas ; ce n'est pas l'*industriel* qui est là, c'est l'*électeur*, et si le brave homme n'est pas électeur, peut-être se déguisera-t-il en garde national pour n'être pas reconnu, le vilain !

HONNEUR AU TRAVAIL, MÉPRIS A L'OISIVETÉ ! Mais, Messieurs, qui ne voulez pas que le gouvernement se mêle de vos affaires, il faudra pourtant bien qu'il vous donne l'exemple et qu'il vous apprenne à vous-mêmes ce que c'est que d'honorer le travail et de mépriser l'oisiveté. Vous avez, dans le temps, copié les salons de Napoléon et ceux de ses maréchaux, aujourd'hui votre monde est électoral, le parleur a pris la place du sabreur, place où M. l'abbé s'était prélassé sous la Restauration, et que les marquis occupaient avant 93. A qui donc voudrez-vous faire croire, serviles copistes, que pour la prospérité et la gloire de l'industrie, il n'est pas nécessaire que le gouvernement se montre, avant vous et plus que vous, *industriel ?* Allez ! les enfans de 93 jouaient à la guillotine, les enfans de 1805 jouaient à la parade, ceux de la Restauration à la chapelle, les nôtres à la tribune et à l'émeute ; vienne le jour où ils joueront à L'INDUSTRIE ! c'est qu'alors nous aurons à notre tête des hommes qui sauront produire comme Carrier savait détruire, des hommes qui connaîtront l'industrie comme nos maréchaux savaient la guerre, qui aimeront le saint travail comme Charles X aimait la messe, qui sauront commander et obéir comme nos parleurs savent aujourd'hui déconsidérer l'autorité et exciter à la révolte.

POLITIQUE INDUSTRIELLE.

III.

Alger, 8 octobre 1840.

MON CHER AMI,

Dans une de mes précédentes lettres, je vous disais que les fortifications de Paris me semblaient un instrument d'ordre, non pour *réprimer* les ouvriers, mais pour *préparer* et *exécuter* avec sécurité l'évolution industrielle dont la France est grosse. Je les comparais à la *soupape de sûreté*, de même que je considère la garde nationale comme le frein de cette grande machine qui s'appelle *ouvriers de Paris*.

Ce travail ne sera pas fort long, mais il emploiera bien du monde, bien des bras, et précisément une grande partie de ceux qui sont à la disposition du désordre, dès que le *travail ne va plus*, comme on dit à Paris. Il emploiera, en un mot, tout ce qu'il y a de plus *prolétaire* dans la capitale. N'y-a-t-il pas à profiter de cette grande circonstance pour introduire dans cette masse quelques élémens d'ordre? C'est commencer l'industrie par la queue, je le sais, mais dans la queue est le venin, et d'ailleurs c'est *par la tête* que je voudrais agir *sur la queue.*

La plus grande partie de ces prolétaires logent déjà hors barrière ou sur la limite des faubourgs. Ne peut-on pas régulariser ce logement?

Je ne parle pas du tout de les parquer ou caserner violemment, je parle de les attirer volontairement vers des lieux déterminés, doublement favorables à leurs travaux habituels et aux nécessités possibles de la défense; car si jamais notre capitale se défend, c'est évidemment cette population surtout qui la défendra et qui donnera un vigoureux coup de main à l'armée.

Lorsqu'on a formé l'enceinte actuelle de Paris, dans un but d'octroi, on a su faire des bâtimens fort somptueux aux barrières, pour les *employés* de ce service public. Je ne verrais pas grand mal à ce que les balayeurs, boueurs, vidangeurs, chiffonniers, gravatiers, terrassiers, reçussent le don public d'un logement, non pas aussi somptueux, mais qui pour dix fois plus, vingt fois plus d'*employés* que n'en a l'octroi, ne coûterait pas plus que n'ont coûté nos superbes barrières.

Il s'agirait donc de *villages* et non de palais ou même de casernes; de villages d'*employés* du gouvernement, car je ne parle ici que des ouvriers qui sont déjà ou qui peuvent être soumis à une discipline d'*état*, par le gouvernement qui les emploie.

En d'autres termes, je dis : pour commencer l'organisation de l'industrie, il faut que le gouvernement donne l'exemple, en organisant d'abord les ouvriers qu'il solde, en leur imposant, moyennant la solde qu'il leur paye, une discipline de toute nature (je ne parle encore que de celle du logement), favorable à la société toute entière et à ces ouvriers eux-mêmes.

Les braillards de la liberté se récrieront, c'est évident; mais si, en définitive, les conditions sont telles que l'ouvrier accepte avec plaisir et se trouve mieux de cette discipline que du désordre actuel, ses avocats prétendus perdront leur cause.

Je vous prie, pour tout ce que j'ai à vous dire ici, de ne pas vous préoccuper des idées que vous pourriez avoir sur l'organisation de l'industrie fabricante, commerciale ou agricole, et des difficultés que ces grands problèmes présentent; je le répète, je commence par la queue; c'est le bon commencement; et j'affirme même qu'une fois le mouvement donné par là, tout le corps industriel marchera, se mettra en route, parce que, je le répète aussi, d'une part, le gouvernement serait à l'avant-garde, et, d'une autre part, un corps déjà organisé serait à l'arrière-garde. En deux mots, l'industrie serait prise en tête et en queue, entre le gouvernement et les chiffonniers.

Chaque *corps* doit être soumis à une discipline, à une règle, à une loi qui lui soit propre. Les filles publiques, par exemple, supportent aujourd'hui une loi que personne autre au monde ne supporterait. Or, l'industrie très inférieure que le gouvernement emploie, et dont il est question ici, peut également supporter, et c'est très heureux, une discipline plus sévère, sous beaucoup de rapports, que celle qui conviendrait à des industries plus relevées. J'ai nommé les filles publiques exprès, parce que j'ai en vue une portion de la population mâle qui est, en grande partie, correspondante, comme immoralité, à cette portion de la population femelle, et que c'est cette *populace*, cette écume qu'il s'agit d'écrêmer pour la purifier, et pour pouvoir mieux purifier ensuite toute la matière industrielle.

Précisément parce que cette écume surnage partout et se mêle à tout, il y a, pour ainsi dire, impossibilité, même avec la police la plus coûteuse, la plus nombreuse et en même temps, sous certains rapports, la plus démoralisante par nécessité, il y a impossibilité, dis-je, d'empêcher la corruption et la fermentation. D'un autre côté, je dirai un peu comme les fouriéristes : il y a pourtant dans cette écume (élément de ce que Fourier appelait ses *hordes de salops*) des qualités, une valeur, qui tournent au mal, tandis qu'elles pourraient tourner au bien si elles étaient employées avec art, et surtout si l'on pouvait former un *corps* de ces *individualités* qui sont d'autant plus mauvaises qu'elles sont *isolées,* et d'autant meilleures qu'elles sont *réunies*. C'est certainement pour ces hommes surtout qu'il a été dit : Dieu se retire de l'homme *isolé*.

Or, pour songer à apporter de l'ordre dans cette masse anarchique, il ne faut pas de suite se proposer d'arriver à la perfection d'une société de saints; il faut bien se dire : 1° La plus grande partie des hommes dont il est question vivent, en ce moment, en concubinage et plus mal encore ; 2° ce sont eux qui vont habituellement peupler les bagnes ; 3° leur seul plaisir aujourd'hui est au cabaret ; 4° ils commettent à eux seuls, en un jour, à Paris, plus de crimes que tout le reste des Parisiens n'en commet en vingt ans ; 5° enfin, c'est la classe la plus immorale, la plus ignare et la plus pauvre de la société.

Par conséquent attendons-nous, s'ils viennent dans ces villages, que ces villages ne seront pas des couvens, et ressembleront même peut-être un peu aux lieux qui sont le contraire des couvens.

Je sais bien qu'au premier abord cette idée fait presque horreur. L'homme d'Etat se dit : Comment, je vais *organiser* une espèce de caverne de voleurs, bien plus, un lupanar ! Et l'homme d'Etat ne songe pas, en poussant ses points d'exclamation, que toute sa police n'est pas autre chose qu'une *mauvaise* organisation des cavernes de voleurs et des lupanars.

Si je prétendais qu'il faut former ces villages *pour* qu'on y vole, etc., que c'est là le *but*, je concevrais l'horreur ; je dis seulement : On y volera, etc., etc., attendez-vous-y ; mais vous préviendrez, surveillerez et réprimerez mieux le vol, etc., etc., là, que vous ne le faites dans votre Babel.

On dira encore : c'est donc la réglementation du vice que vous voulez? Cela est vrai ; je voudrais réglementer le vice, y compris l'émeute, de manière à en défendre la société, *autant que possible*, bien certain d'avance qu'il faut faire la part du feu dans tout incendie, et que, malgré mes précautions, il y aura toujours des sinistres, tant qu'on se chauffera.

J'insiste sur le vilain côté du tableau, parce que c'est toujours de là que partent toutes les objections aux meilleures choses, quoique chacun sente bien qu'il n'y a rien de parfait dans l'humanité.

Croyez-vous, par exemple, que ce serait peu de chose, même comme simple moyen de police, de pouvoir déterminer par un appât quelconque, les 20 ou 30,000 hommes que j'ai en vue, à porter un *costume* obligatoire qui les ferait distinguer aussi bien qu'on distingue un soldat de tel ou tel régiment ? Ils n'accepteront pas, direz-vous, cette livrée. Eh mon Dieu ! les filles mettraient bien encore la ceinture dorée, si vous vouliez ; elles vont bien au dispensaire ! Pourquoi des hommes employés utilement, honorablement, se refuse-

2

raient-ils à porter un costume qui, par lui-même, n'aurait rien que d'honorable, puisqu'il serait attaché à un service public?

Je ne parle pas de donner un costume, en tant que voleur, en tant que libertin, ivrogne, débauché, mais en tant que chiffonnier, balayeur, boueur, vidangeur, allumeur de quinquets, comme vous en avez presque déjà pour les forts de la halle et les charbonniers, qui, je le parie, présentent relativement moins de vices que les autres états où la *force du corps* est employée et où l'*esprit de corps* n'existe pas.

Vos *plaques*, c'est de la niaiserie, on ne les *voit* pas, et d'ailleurs, on les porte ou du moins on les quitte quand on veut. Vos porteurs d'eau, vos commissionnaires des rues, pourquoi donc les encourager à vouloir paraître des bourgeois, des milords, le dimanche, pour revenir saouls le lundi, en habit noir?

Un costume, un costume, à la bonne heure, et je peux en parler précisément parce qu'on a craché sur le mien, qu'on n'a pas compris. Un costume obligatoire, comme l'est celui du soldat, et qui nous fasse sortir de ce pêle-mêle de l'habit bourgeois qui nivelle tout, qui anarchise tout, qui tue l'art aussi bien que la sociabilité.

C'était le 6 juin 1832, vous le savez, qu'au bruit du canon de l'émeute et du tonnerre d'un bel orage, nous quittions cet habit bourgeois à Ménilmontant; et quelques mois plus tard, traduit en cour d'assises comme un dangereux révolutionnaire, j'expliquais ainsi aux jurés, qui ne m'ont pas compris, puisqu'ils m'ont condamné, l'intention qui nous animait et le but que nous voulions atteindre; je leur disais: Le jour où le sang coulait dans vos rues, où les partis s'égorgeaient sur vos places, le 6 juin, nous avons revêtu un costume qui, nous signalant à tous, *par notre nom même*, était un gage de la lumière que nous voulions répandre sur tous les actes de notre vie loyale et pacifique.

Il est clair qu'on *devait* nous condamner, parce qu'un pareil enseignement et une mesure politique semblable doivent partir du gouvernement, pour avoir le caractère *d'ordre* qui leur convient; mais grâce à Dieu, aujourd'hui l'on s'accorde généralement à dire et à reconnaître que nos *intentions* étaient bonnes; eh bien! profitez donc de celle-ci, car elle signale l'instrument le plus parfait d'une bonne et sage *police,* la première condition *extérieure* de *hiérarchie,* de classement, l'un des procédés *hygiéniques* les plus puissans, la base de tout *esprit de corps*; enfin elle rendrait aux arts la couleur et la forme qu'ils cherchent vainement dans notre société sombre et plate, sale et haillonneuse.

Bien certainement, les Brutus de la presse s'écrieront que c'est du mandarinisme chinois; mais quelle mesure *d'ordre* approuveront-ils jamais? D'ailleurs, je ne parle pas encore de donner un costume à nos mandarins de la presse; je désirerais seulement qu'ils signassent tous leurs articles; plus tard, peut-être bien, ils demanderont eux-mêmes à porter le *bonnet* de leur couleur politique, bonnet rouge, bonnet blanc, bonnet bleu.

Sans plaisanterie, les amis de l'*ordre* qui ne songent pas ou qu répugnent au costume comme moyen d'*ordre,* sont semblables aux hommes qui voudraient une religion sans prêtres et sans culte : ce sont des rêveurs mystiques et non des hommes positifs.

Malheureusement les hommes du *pouvoir* ont encore en eux une partie considérable des préjugés et des erreurs des hommes de la *liberté*.

J'ai parlé du *logement* et du *costume,* il me resterait à appliquer les mêmes idées à la *nourriture*. Mais la question est plus délicate; je ne l'aborderai que dans ma prochaine lettre.

POLITIQUE INDUSTRIELLE.

IV.

Alger, octobre 1840.

MON CHER AMI,

Dans ma précédente lettre je vous ai dit comment je voudrais voir utiliser au profit de notre réorganisation industrielle le grand travail des fortifications de Paris. J'ai examiné avec vous s'il ne serait pas possible et facile d'introduire, à cette occasion, quelques conditions nouvelles de police et de discipline au sein de la partie la plus dangereuse et la plus énergique de la population parisienne. J'ai parlé du *logement* et du *costume*, et j'ai renvoyé à cette lettre-ci pour vous entretenir de la *nourriture*.

Sur ce point, je confesse qu'il faut agir avec réserve et prudence. Le pot au feu est la limite que l'ordre ne saurait franchir aujourd'hui sans opprimer la liberté; la raison d'*état* s'arrête devant les besoins de la *famille*, la surveillance *générale d'hygiène publique* devant la consommation *individuelle*; et en supposant même que l'état puisse un jour rationner ses *ouvriers* comme il rationne ses *soldats*, cuisiner même pour eux comme il cuisine aux Invalides, c'est-à-dire avec l'économie que procurent les masses, je dirai aujourd'hui : laissez faire, surveillez seulement, entretenez les marchés pourvus et pourvus d'alimens sains.

Pour l'homme de peine, pour l'homme matériel, la nourriture, ce qu'il consomme pour renouveler sa force, est là partie intime, intérieure, personnelle de sa vie ; c'est là qu'il veut surtout exercer son indépendance et sa spontanéité ; la société lui doit, sous ce rapport, des soins *généraux* mais non une loi *individuelle*. Songeons donc à ses cabarets, à ses guinguettes, à ses marchés, n'allons pas plus loin.

Mais ce n'est pas assez, direz-vous, d'exprimer cette pensée générale, qu'il serait d'une sage politique de revêtir de costumes spéciaux les classes inférieures ou du moins une partie des classes inférieures de la société ; il faudrait encore indiquer les moyens légaux, constitutionnels, financiers à employer pour atteindre ce but.

Je suis bien convaincu pourtant que si M. le préfet de Paris, M. le ministre de l'intérieur, celui des travaux publics, ainsi que le directeur des ponts et chaussées, étaient pénétrés de l'*idée générale*, s'ils voulaient, chacun dans son ressort, atteindre *le but* en question, ils en trouveraient plus promptement et plus facilement que moi les moyens.

Lorsque je vois les garçons de la Banque, les facteurs de la postes les postillons, les sergens-de-ville, les garçons de bureau de toutes les grandes administrations, les cochers d'omnibus et conducteurs de diligence, etc., etc., en uniforme, lorsque je regarde l'octroi, la douane, les gardes forestiers, les tabacs, les droits réunis, les pompes funèbres, les guichetiers des prisons, les gardes d'hôpitaux, que sais-je ? déjà mille *services*, sans compter l'armée, auxquels un costume est attaché, je suis bien sûr qu'il n'y a pas d'obstacle qui s'oppose à ce que vingt ou trente mille hommes de plus, à Paris, portent un uniforme ; il faut seulement pour cela que le gouvernement qui les emploie leur en fasse une condition.

Il n'y a donc que deux choses en question, savoir : Si tous les hommes employés par le gouvernement ont un costume ; et si ces hommes sont organisés *en service public*, car c'est certainement là l'objection qui sera faite ; on dira : Nous ne pouvons astreindre à un costume que les *services publics*.

Ceci est une erreur, selon moi, puisqu'il y a une foule d'industries privées qui sont astreintes à des conditions de police aussi vexatoires que peut l'être le costume pour l'homme le plus indépendant; mais j'admets l'objection, pour aujourd'hui; je conviens qu'en 1840 le gouvernement ne peut se permettre d'imposer le costume qu'aux services publics, à ceux qui sont soldés, surveillés, dirigés par lui, soit par ses propres agens, soit par des *entrepreneurs soumissionnaires.*

J'appuierai spécialement sur ces derniers mots soulignés, parce que c'est sous cette forme que subsistent en général les services dont je parle. Et, par exemple, quand même l'éclairage, le pavage, le nettoyage, l'arrosage, etc., des rues de Paris, se feraient par soumissionnaires, une des conditions de la soumission pourrait être le *costume* des éclaireurs, paveurs, arroseurs, balayeurs, etc., etc.; de plus, cette manière d'intervenir dans la police du personnel des grandes entreprises de travaux publics, permettrait d'introduire peu à peu, dans plusieurs des branches-mères de l'industrie, une partie de l'ordre qu'elles réclament.

Ainsi, la masse des travaux commandés et exécutés par les ingénieurs ou architectes de l'Etat, mais qui sont donnés à l'*entreprise*, occupe une quantité considérable d'ouvriers, dont une partie au moins pourrait être traitée ainsi; ce serait, pour ainsi dire, la partie correspondante au *service ordinaire*; ce serait l'armée régulière, et cela ne toucherait pas immédiatement à la masse des cosaques de l'industrie.

La ville de Paris aurait son corps de terrassiers, par exemple, comme elle a ses balayeurs; elle aurait aussi ses compagnies de charpentiers, tailleurs de pierres, maçons, peintres, serruriers, toutes les branches dites du *bâtiment*, en un mot elle commencerait, par un noyau modèle, l'*organisation* de l'industrie.

J'ai dit que les fortifications de Paris étaient une belle occasion pour entrer dans cette voie; en effet, on aura là un chantier plus vaste que tous ceux qu'on a jamais vus, où il sera facile d'étudier et préparer les élémens des institutions dont je parle, et de les organiser progressivement, insensiblement.

Il ne faut que la volonté d'*en haut*, il faut que le gouvernement, il faut qu'un homme y mette sa gloire, c'est une contre-partie des travaux de Versailles; ceux-ci n'ont que le caractère de gloire industrielle telle qu'on la recherchait autrefois et qui consiste dans la grandeur et la beauté de l'*œuvre*; aujourd'hui, pour notre XIXe siècle, pour l'avenir surtout, il y a une autre forme de gloire industrielle à ambitionner, c'est celle qui consiste dans l'amélioration de l'*ouvrier*.

Les fortifications de Paris sont une occasion superbe pour commencer à donner aux ponts-et-chaussées, qui n'ont été encore qu'un cadre d'officiers, une armée de sous-officiers et de soldats. Les ponts-et-chaussées, c'est le germe qu'il s'agit de développer, c'est en lui que se trouve la solution de la question qu'on a cherché à résoudre à rebours, quand on a voulu employer l'armée AUX travaux publics, tandis que c'est l'armée DES travaux publics qu'il faut créer, et non pas employer à ces travaux des soldats et surtout des officiers qui ne peuvent avoir le *cœur à l'ouvrage*.

Là se trouve aussi pour moi l'heureux moment de la modification si désirable de l'entourage des hommes haut placés, qui aiment et qui méritent la gloire ; aux aides de *camp* doivent venir se joindre les aides de *chantier* et d'*atelier* ; à la guerre doit s'unir, au moins sur le pied de l'égalité, l'industrie ; l'ordonnance des fortifications en est elle-même un signe, puisqu'elle livre le travail au génie ET aux ponts-et-chausssées, quoique ce dernier corps joue naturellement le second rôle dans cette œuvre spécialement militaire.

En un mot, le roi, les princes n'auront pas auprès d'eux seulement des généraux, car il est impossible de songer à *organiser l'atelier pacifique*, tant qu'on est en habit de général, entouré de militaires, et presque dans un nuage de poudre.

Je m'aperçois que j'ai donné plus d'extension à la question du costume qu'à celle du logement ; voici pourquoi : c'est que l'une est plus facile à réaliser que l'autre ; elle est, en outre, plus généralement réalisable.

Il y a fort peu de travaux spéciaux qui se prêtent à cette espèce de casernement de villages dont j'ai parlé déjà ; néanmoins, en ce moment, quelques uns ont fait, pour ainsi dire, élection de domicile dans certains points de la banlieue de Paris; ainsi l'écarrissage de Montfaucon, les blanchisseurs de la basse Seine, les marchands de vin de Bercy et de la Rapée, les chantiers de bois, quelques villages où abondent spécialement les maçons et tailleurs de pierres sur l'une ou l'autre rive de la Seine, les teinturiers, brasseurs et tanneurs du quartier Mouffetard, les deux classes ou corporations des charpentiers, rive droite et rive gauche, les fabricans de meubles du faubourg Saint-Antoine, et bien d'autres exemples signalent cette affinité qui réunit sur les mêmes lieux un grand nombre d'individus de même profession. Certainement, cette affinité agit d'elle-même; mais, quoi qu'en disent les économistes, tout homme politique comprend qu'elle peut être aidée par une administration éclairée qui la délivrerait d'obstacles que l'intérêt individuel, au contraire, pourrait chercher à augmenter.

Je crois que, même au point de vue de la défense, il serait bon de porter régulièrement sur la ligne ce que je nommerais des forts détachés d'*ouvriers*, à côté des forts de *soldats*; et si cela est juste comme défense extérieure, ce l'est encore plus comme sécurité intérieure, puisque cela mettrait une partie de la *force émeutière* presque sous la garde de la *force armée*.

Ce serait donc vers ces points doublement stratégiques que je voudrais voir réunir des bataillons pacifiques d'ouvriers.

Pourquoi n'y aurait-il pas, à côté du fort des maçons, le village des maçons, à côté du fort des terrassiers, le village ou camp des terrassiers, et je dirai même à côté du fort des boueurs, les écuries des boueurs et les hangars des vidangeurs? N'ayons pas peur d'honorer le travail; soyez-en sûr, ce dernier fort ne serait pas le plus mal défendu en cas de guerre, et je me chargerais, si j'étais à la tête du *village voisin*, de le faire tenir aussi *proprement* qu'un village de Hollande.

Livrez-leur le terrain et les matériaux avec le plan de leurs baraques et villages, et je parie qu'avec leurs dimanches seuls ils auront achevé leur habitation avant la fin des travaux des fortifications; le terrain et la baraque resteront domaine de l'Etat, bien entendu.

Là vous pourrez organiser crèche, salle d'asile, école, caisse d'épargne, secours à domicile, mille fois plus facilement que vous ne le pouvez dans le chaos parisien ; une même guinguette réunira le soldat du fort et l'ouvrier du camp, et peut-être bientôt pourrez-vous songer à ce qui est si beau et si bon dans l'organisation militaire, pour en doter aussi l'ouvrier, à la noble retraite des invalides.

Pour faire tout cela, que faut-il ? du cœur ; tout est prêt : il faut aimer l'ouvrier ; il n'est pas ingrat, il aime qui l'aime ; il faut l'aimer comme un brave aime le soldat, comme un artiste aime toute voix ou toute lumière d'Italie, il faut l'aimer parce que c'est beau, parce que c'est le bras du *Créateur*.

Je sens tout ce que ces idées ont *en apparence* d'impraticable ; mais d'abord vous savez que je tiens beaucoup plus à communiquer le sentiment qui me les inspire qu'à faire adopter les formes dont je revêts ce sentiment. Je suis de ceux qui pensent qu'il faut être *au pouvoir* pour bien apprécier et même découvrir ce qui est pratique, pourvu toutefois que le pouvoir ait le sentiment du besoin social. Or, je ne suis pas du tout *pouvoir*, tant s'en faut.

P. S. Les journaux m'apprennent que les 25,000 hommes de troupes qui travaillent aux fortifications seront baraqués et campés sur les travaux. Je demanderais la même chose pour les ouvriers civils, si on en emploie ; et dans le cas où l'on n'en employerait pas, j'engagerais à étudier, d'ici jusqu'à la fin des travaux, si l'on ne pourra pas utiliser ces baraques de soldats dans le but dont je parle, car lorsque les forts seront faits, les soldats y logeront et les baraques deviendront inutiles. Si j'avais obtenu de déterminer quelques hommes puissans à convoiter pour l'ouvrier ces *chères* baraques, et à faire réfléchir d'ici-là aux moyens d'y substituer 25,000 ouvriers aux 25,000 soldats, je serais heureux comme un roi.

POLITIQUE INDUSTRIELLE.

V.

Bône, 10 décembre 1840.

MON CHER AMI,

J'éprouve en ce moment de trop vives inquiétudes, sur ce qui se passe en France, pour ne pas employer une partie de ma longue attente des courriers, à en causer avec vous. Ma dernière lettre vous parlait uniquement de la question orientale (2) que je cherchais à résoudre d'une manière conforme au bonheur et à la dignité de la France; c'est de la France seulement que je veux vous parler aujourd'hui.

Bien des personnes pensent qu'il était facile, sous Louis XV et même sous Louis XIV, de prévoir la révolution française, sous la république de prévoir l'empire, sous l'empire la restauration, et sous la restauration 1830; c'était possible, en effet, et Talleyrand, par exemple, a sauté habilement, comme on l'a dit, du vaisseau qui sombrait sur le vaisseau neuf; il s'est trouvé aussi, de temps à autre, quelques prophètes, qui ont eu, il est vrai, la destinée des prophètes, et qui n'ont été écoutés et compris qu'après la réalisation de la prophétie, comme de Maistre, prédisant, en 1796, l'empire et la restauration. Dans dix ans, que dira-t-on de nous, si nous sommes assez aveugles et assez inintelligens pour ne pas voir et comprendre les signes des temps?

Parce que les prophètes ont été rares et peu écoutés, ou parce que leur clairvoyance ne portait qu'à petite distance et ne leur servait, pour ainsi dire, qu'à se sauver personnellement du naufrage, et à être, comme le prince des diplomates, ministre de tous les gouvernemens qui se sont succédé pendant cinquante ans, en d'autres termes, parce qu'on n'a jamais su d'avance vers quel but on marchait, chacune des éphémères générations qui ont paru sur la scène du monde, s'est laissé déposséder du pouvoir qu'elle avait conquis, par celle qui fermentait, comme *opposition*, dans son sein. Tous les vainqueurs ont été successivement détrônés, et plus ils ont voulu *résister* au torrent, plus vite ils ont été entraînés par lui. Depuis la noblesse vaincue, émigrante et guillotinée en 93, nous avons vu les *idéologues* de la République, pourchassés par Bonaparte et culbutant l'empereur, par Lainé et Royer-Collard; nous avons vu les bonapartistes et les *carbonaris* poursuivis par la restauration, renverser Charles X, par Foy, Lamarque, et même Barthe, Mérilhou, de Schonen et compagnie; enfin, chaque gouvernement portait en lui, comme l'a dit M. Thiers, son germe de vie et son germe de mort, sa raison d'être et sa raison de ne pas être; lutte continuelle, dans laquelle le germe de mort l'a emporté, le jour même où la résistance du germe de vie était le plus grande.

Depuis 1830, nous avons eu aussi une opposition, et il faut avoir complètement perdu la vue pour ne pas reconnaître qu'elle a grandi d'une manière menaçante, qu'elle s'est affilié des hommes qui l'ont d'abord combattue, qu'elle n'a pas perdu un seul de ses chefs, tandis que le pouvoir a vu sortir de ses rangs, pour se joindre à elle, plusieurs des hommes puissans qu'il avait d'abord employés contre elle. Laffitte, O. Barrot, Thiers, représentent les trois nuances d'hommes qui, d'abord rattachés au pouvoir né de 1830, se sont retirés de lui et l'attaquent. La *résistance* de Casimir Périer a été contre les hommes qui, aujourd'hui, ont Laffitte à leur tête; celle de Thiers a été contre les hommes qui ont à leur tête O. Barrot; enfin, celle de M. Guizot va être contre les hommes qui ont pris M. Thiers pour leur dictateur. Ceci est de toute évidence, quand on le vérifie par les journaux qui représentent le même fait. N'est-il pas temps d'ouvrir les yeux et de renoncer à un procédé qui, dans notre histoire toute moderne, nous offre de si terribles exemples, et qui, de nos jours même, depuis 1830, a témoigné si fréquemment son impuissance par des résultats parfaitement contraires à ceux que l'on voulait obtenir?

On sait maintenant qu'on ne peut plus retourner à Thiers sans descendre jusqu'à Odilon Barrot, comme on savait, il y a un an, qu'on ne pouvait aller à Odilon Barrot sans descendre à Dupont (de l'Eure) et Laffitte, comme on savait, il y a cinq ou six ans, qu'on ne pouvait revenir à Laffitte sans tomber dans Arago et Garnier-Pagès; voici la seule instruction que nos hommes politiques aient puisée dans les affaires.

Mais vraiment cette politique qui roule sur quelques noms propres, est bien puérile. Il y a *quelque chose* dans toute opposition; il y avait quelque chose dans le tiers-état, quelque chose dans les ennemis du despotisme impérial, quelque chose dans les conspirations de la Restauration, et quelque chose aussi dans cette oppposition croissante qui mine le trône de 1830. Les hommes ne s'amusent pas à jouer au roi détrôné seulement pour jouer. Même quand leur but n'est pas exprimé clairement, quand c'est à un instinct plutôt qu'à un raisonnement parfait qu'ils obéissent, l'œil de l'homme politique doit plonger jusqu'au fond de cet appétit brutal, et découvrir s'il n'y a pas là en effet un *besoin humain* à satisfaire. Le mépris de la noblesse pour le tiers-état, avant 89, celui des militaires pour les pékins, sous l'Empire, celui des émigrés rentrés pour les acquéreurs de biens nationaux, et de la cour de Charles X pour la tribune et pour la presse, n'ont pas été fort utiles à la noblesse, à l'Empire et à la Restauration. Prenons donc garde, même, de traiter d'appétit brutal ce qui pourrait être un noble sentiment, à l'état informe de germe.

Lorsque le métaphysicien Siéyès a écrit: qu'est-ce que le tiers-état? tout; qu'est-il? rien; que doit-il être? quelque chose; il a résumé d'avance la révolution qui allait s'opérer. Le physicien Arago fait de même aujourd'hui, quand il dit : Quel est notre *but?* l'organisation du travail ; notre *moyen?* la réforme électorale. Toute l'évolution qui se prépare est renfermée dans ces deux questions, si clairement rédigées par l'homme le plus clair de notre temps.

Il ne s'agit donc pas de tomber de Thiers dans Barrot, de Barrot dans Laffitte, de Laffitte dans Arago; il faut s'emparer bravement, et de suite, non pas d'Arago, qui est un grand vulgarisateur d'idées, et non un homme politique, mais du secret qu'il nous révèle. Il nous a dit la *vérité*; c'est de cela que l'opposition vit ; c'est l'ouvrier et non le militaire, l'avocat, le bourgeois, qui fait le fond et la force de l'opposition de nos jours. Siéyès n'a rien été sous l'Empire, et Royer-Collard est resté rhéteur sous la Restauration, Arago peut donc rester savant et député.

Il y a aujourd'hui à faire, pour les ouvriers, quelque chose d'analogue à ce que fut, pour les bourgeois, l'organisation de la garde nationale de 91. Dieu me garde de penser qu'il faille *armer* les ouvriers, mais il faut commencer à constituer pour eux une institution qui facilite le mouvement organisateur qui doit s'opérer de nos jours à leur profit.

Il faut prendre les *prud'hommes* comme base, et bâtir sur ce fondement un vaste édifice industriel, où l'élection, tant réclamée pour la politique générale, sera le ciment et le lien, de pierre à pierre, d'assise à assise ; il faut élever, faire naître dans cette masse anarchique les chefs légitimes du *travail* ; il faut rassasier le peuple, le prolétaire, d'*élections sociales* et non *politiques*, et ne pas craindre que ses choix nous donnent des Suchet, des Augereau, des Bernadotte, des Victor, des maréchaux improvisés de l'industrie ; ce sont des *bataillons* de travailleurs qu'il faut créer, nous avons encore besoin de *quatorze armées*, et il nous faut un Carnot pour *organiser la victoire*.

Le mouvement actuel pourrait se résumer, selon moi, sous cette forme : prendre l'arme d'Arago pour détrôner Thiers. Ainsi, au lieu de craindre de tomber dans la gauche *par* Thiers, je voudrais qu'on prît la gauche pour tomber *sur* Thiers ; qu'on employât la tactique napoléonienne, qu'on tournât l'ennemi, et qu'on tombât sur ses derrières. Sans cela, après Guizot on passera à Lamartine, et Guizot grossira encore une fois le bataillon opposant; puis après, la culbute.

Je ne conseillerais donc pas plus le système des *concessions* que celui de la *résistance*, et ce sont les deux seuls systèmes que la bascule représentative ait su employer sous la Restauration et depuis 1830. Il faut aborder courageusement et de front la vraie difficulté, et ne pas l'éluder ou s'y opposer. Or, la difficulté sociale actuelle, Arago l'a signalée; c'est l'organisation du travail, l'organisation des ouvriers, du peuple; c'est la constitution de la société industrielle; ce n'est plus d'un système de garanties pour *la liberté* qu'il s'agit, c'est d'un système de garanties pour le *travail*, c'est-à-dire d'un système qui garantisse à l'ouvrier son travail, son pain, son instruction, sa moralité, une retraite pour ses vieux jours, une protection pour toute sa vie.

Lorsque Martignac fut nommé ministre, on prétend que lui-même avait conseillé à Charles X de nommer Casimir Périer ministre; c'était un sentiment juste sous une forme qui ne l'était pas; Casimir Périer, ministre sous la Restauration, n'aurait pas mieux fait que ne ferait aujourd'hui Arago ministre, parce que dans Périer, à côté de l'élément progressif qui était en lui, il y avait quelque chose de trop complètement antipathique à d'autres sentimens fort progressifs qui existaient dans la Restauration; de même, Arago est étranger aux sentimens de paix et d'ordre qui feront à jamais la gloire du règne de Louis-Philippe. Périer, comme Arago, était d'ailleurs un peu l'esclave des mauvaises passions qui servent de cortége à toute opposition, et cela suffit pour qu'on prenne ce qu'il y a de bon dans l'homme, sans le prendre tout entier. Périer n'a pu être utile qu'à condition de révolution, et il nous la faut éviter aujourd'hui.

Je vous ai déjà écrit que ce serait aux défenseurs de l'*ordre* à faire, à réaliser politiquement, ce qu'il y a de légitime au milieu des cris des partisans de la liberté; c'est parce que j'ai la conviction qu'il en sera ainsi, que je ne désespère pas en ce moment du sort de la France, et que je ne redoute pas encore pour elle un nouveau 93, ni une invasion étrangère, ni même un 1830. Mais au prix de combien d'efforts, de dangers, de sacrifices, les défenseurs de l'ordre, pourront-ils accomplir cette tâche? C'est effrayant d'y penser, car il y périra bien de nobles courages, bien des volontés vigoureuses, et il faudra pour résister à la peine, des cœurs et des corps trempés comme l'étaient ceux de Marceau, de Hoche, de Desaix, de Kléber qui ont cependant péri jeunes à une semblable tâche, à l'enfantement d'une société nouvelle.

Lorsque je songe à la différence que quelques années, et souvent quelques jours seulement, apportent dans les idées, les mœurs même, les usages, et jusqu'au costume de tout un peuple, et aux fréquens exemples que nous avons eus de ces changemens depuis un demi siècle, non seulement je suis surpris qu'il y ait des gens qui nous croyent arrivés, pour ainsi dire, à notre forme sociale définitive, mais je suis vexé quand on se sert de ces grandes différences, qu'un nouveau principe d'action introduirait dans notre société, comme d'une objection contre l'impossibilité d'une semblable transformation. Certes celui qui aurait dit, en 1788, voici ce que sera 93, aurait été traité comme un fou ; et pourtant Casimir Périer a couru Paris, à vingt ans, en toge romaine, bras dessus bras dessous avec Talma ; il n'y a pas un homme de soixante ans, quelque grand qu'il soit, qui n'ait été *tutoyé* par son cordonnier, ou qui, enfant, n'ait tutoyé un grand seigneur ; madame Tallien a porté tunique fendue et gorge découverte, cheveux à la Titus, cothurne aux pieds et bagues aux doigts de pieds ; toutes les églises ont été pleines de foin ou de chevaux, de malades ou de vivres et de voitures, et plusieurs ont été transformées en cabarets. Mais, dira-t-on, 93 était une révolution générale, radicale, et il n'est pas étonnant que le changement ait été aussi complet et aussi rapide.—Mais est-ce que 1814 ressemblait beaucoup à 1813? Est-ce que la Restauration ressemblait tant à l'Empire?

D'ailleurs, cette révolution de 1793, si générale, si radicale, croit-on donc qu'elle se soit accomplie dans des proportions comparables à celles de l'évolution qui se prépare? Voyez : en 1688, révolution d'Angleterre, pas le moindre retentissement, immédiatement sensible, hors des *Iles* Britanniques; c'est une révolution *isolée*; il faut un siècle encore pour que celle de France éclate. Or, voici un demi siècle que la nôtre est faite, et, depuis lors, l'Espagne, le Portugal, la Hollande, ont eu leur révolution, et Rome, Vienne, Berlin, ont reçu le contre-coup de notre violente explosion, et nous-mêmes nous avons eu six ou sept commotions presque périodiques, et l'Italie a été muselée deux ou trois fois, et l'Islamisme lui-même fermente, et l'Amérique tout entière, contemporaine par les Etats-Unis, de notre première révolution, n'est-elle pas aussi contemporaine, par le Mexique, le Brésil, la Colombie, le Chili, des révolutions d'Espagne et du Portugal? Ainsi, depuis un demi-siècle, depuis que la France a lancé sa lave révolutionnaire, les volcans ont été en éruption sur presque toute la terre : depuis que la France a rejeté la loi de son passé, toute l'humanité s'agite et cherche une nouvelle loi de sa destinée. Dieu ne la lui laissera pas chercher en vain bien longtemps, et c'est à nous, qui avons ébranlé le monde, à donner les premiers l'exemple, le modèle des sociétés renouvelées.

Qu'est-ce donc que notre grande révolution? Seulement le premier acte d'un drame humanitaire; maintenant, tous les acteurs ont paru sur la scène, le dénouement approche, et il sera plus grand encore que la fin de l'empire romain et que la naissance des sociétés chrétiennes et musulmanes.

Il y a entre les hommes, aussi bien que dans l'air, une électricité qui engendre les orages et le tonnerre; les peuples, agités de passions contraires, se frottent comme les nuages qui tourbillonnent, poussés par des vents opposés. Je sens, en ce moment, la tempête qui arrive; je vois les éclairs et j'entends les éclats de la foudre aussi distinctement que les éclairs et la foudre du ciel; et, malgré l'horreur du spectacle, j'y sens le beau, le grand, le sublime, j'y sens Dieu.

Nous avons *détruit* le passé, il nous faut *construire* l'avenir; telle est la cause de la différence qui existe entre l'évolution qui nous reste à faire, et les révolutions qui l'ont précédée. Ce sont des *instrumens de construction* et non des *armes de destruction* qu'il nous faut; n'est-ce pas dire que c'est de l'*industrie* qu'on doit s'occuper, comme la Convention s'est occupée de la *guerre*?

Eh bien, il nous faut une *Convention industrielle*; la gauche veut que, par la réforme, la Chambre s'élève à cette hauteur, elle a tort : c'est *en dehors et à côté* des chambres, à côté de la politique, ou de ce qu'on nomme ainsi, qu'il faut poser la base d'une politique nouvelle.

Que dans tous les états, les compagnons *choisissent, parmi eux*, les camarades chargés de régler leurs différends entre eux et de représenter leurs intérêts auprès des maîtres. (Ceci par canton.)

Que les maîtres *choisissent, parmi eux*, des camarades chargés de régler leurs différends entre eux, de juger en premier ressort les réclamations des compagnons, et de représenter les intérêts des maîtres auprès du conseil des chefs d'atelier, dont je vais parler. (Ceci par arrondissement.)

Que les chefs d'atelier employant plusieurs maîtres *choisissent, parmi eux*, les prudhommes chargés de régler leurs différends entre eux; de juger en premier ressort les réclamations des maîtres, et en dernier ressort celles des ouvriers, compagnons ou apprentis, et de représenter leurs intérêts auprès du conseil supérieur, dont je vais parler. (Ceci par département.)

Que ces différens *conseils* de compagnons, de maîtres, de chefs d'atelier soient convoqués au chef-lieu de chaque département, *séparément*, et qu'ils nomment, chacun des trois, un même nombre de représentans, députés au *centre industriel provincial* (circonscription analogue à celle des divisions militaires ou des cours royales). Ce conseil, serait chargé de représenter les intérêts *généraux* industriels de la province, sans s'immiscer dans les contestations individuelles, sauf pour juger en dernier ressort celles des maîtres avec les chefs d'atelier.

Enfin que ces conseils généraux de province députent à Paris une *Convention industrielle* permanente.

Ce que j'ai dit pour les campagnons, maîtres et chefs d'atelier, s'appliquerait, pour le commerce, aux trois classes de patentés.

Que tout ceci se forme sans rien changer aux réglemens actuels sur les chambres et tribunaux de commerce, et sur le conseil des manufactures; que ce soit seulement le développement et l'extension de l'idée des prud'hommes, et, pour ainsi dire, une organisation *préparatoire réformatrice*, en DEHORS de l'organisation *usée* mais *conservatrice* qui existe aujourd'hui. C'est, si vous voulez, ce que serait à l'armée la garde nationale mobilisée, si nous devions avoir la guerre ; c'est la réglementation provisoire d'une masse anarchique non organisée ; c'est le premier pas vers la *grande armée* des travailleurs.

Ces élections seront déjà un moyen de recensement et de surveillance pour toutes les classes insdustrielles; ce sera la transformation et par conséquent la destruction des anciennes ventes du carbonarisme et des sociétés secrètes actuelles. Que l'autorité n'essaie pas d'intervenir, autrement que pour la police des réunions nombreuses, dans ces assemblées de famille; il suffit que *tous* y soient appelés pour qu'elles soient tranquilles; il suffit que ce soit la profession et non l'opinion politique qui donne entrée dans ces réunions; on sera sûr au moins de n'y avoir ni *avocats* ni *étudians*. Quand bien même les compagnons, ou même les maîtres, ou même encore les chefs d'atelier éliraient tous et partout, aux conseils supérieurs provinciaux, des républicains; quand même tous les membres de la Convention industrielle seraient républicains, il n'y aurait pas à s'effrayer, je dirais presque, au contraire, car on saurait au moins alors à qui l'on aurait à faire, tandis que nous ne savons aujourd'hui ni ce que sont, ni où sont les industriels qui ont influence sur les ouvriers.

Tout en conservant à cette institution un caractère *industriel*, il serait utile de la rattacher à la *politique*, en donnant aux membres des conseils provinciaux, et à ceux de la Convention industrielle, le droit électoral, quel que fût le montant de leurs contributions.

Mais c'est surtout par les fonctions attribuées à ces deux ordres d'assemblées, qu'il faudrait introduire peu à peu l'industrie dans la politique; je m'explique : les questions de douanes, les règlemens relatifs à l'industrie, et par exemple, ceux qui, comme la dernière loi sur les enfans employés dans les fabriques, ou comme les divers projets d'écoles industrielles, touchent à la classe industrielle toute entière, et par-dessus tout, les mesures qui auraient pour but de perfectionner dans ses détails ce premier essai d'organisation, et de rétablir, en l'améliorant, (comme l'a dit encore Arago) ce qu'il y avait d'éminemment social dans les anciennes *corporations*, tout cela devrait être soumis par le gouvernement à l'examen de cette espèce de conseil-d'état industriel, et lui-même serait appelé à provoquer les mesures qu'il aurait jugé utiles au progrès de l'industrie, à l'amélioration du sort des ouvriers.

Ceci ne se fera pas sans désordres, c'est évident; mais comme le désordre ne manque pas aujourd'hui, il ne faudrait pas rejeter sur ce mouvement social des effets qui appartiennent à des causes déjà existantes, que ce mouvement, au contraire, doit combattre et détruire peu à peu. Ne cherchez pas plus dans ce que je vous dis une institution parfaite, que vous ne chercheriez une cathédrale comme Notre-Dame au premier siècle de l'ère chrétienne; nous en sommes aux catacombes industrielles. Vouloir tout faire en un jour est aussi fou que ne vouloir rien faire.

Supposez maintenant que les maires, sous-préfets et préfets, que tous les hommes qui dépendent de l'administration, du gouvernement, soient poussés à s'occuper de cette organisation, avec autant de zèle qu'ils en mettent à la conscription et à l'impôt, aux élections et aux conspirations, et vous sentirez que nous serions enfin dans la route de l'*organisation du travail* réclamée par les républicains, organisation que doivent désirer encore plus les hommes d'ordre.

J'ai omis de vous dire que les membres de la Convention industrielle devraient être rétribués par l'Etat, et ceux des conseils provinciaux par la ville où ils siégeraient, à cause des frais de déplacement et de la permanence du service, et que les conseillers-chefs d'atelier, les conseillers-maîtres et les conseillers-compagnons ne seraient pas rétribués.

Les deux mots de *convention* et de *conseil provincial* sont évidemment fort mauvais en *pratique*, mais ils font comprendre l'*idée*.

Cette institution, qui embrasserait toute l'industrie commerciale et manufacturière, ne toucherait en rien à l'industrie agricole, où l'anarchie n'est pas moindre, mais où elle est moins menaçante. Songeons d'abord aux *villes*, nous viendrons plus tard au peuple des *campagnes*.

Voilà pourquoi notre organisation politique actuelle, qui est basée en grande partie sur la *propriété territoriale* ou sur la *bourgeoisie propriétaire* des villes (en général étrangère à l'industrie, si ce n'est comme percevant l'intérêt de l'argent qu'elle lui prête et le loyer des maisons qu'elle lui loue), voilà pourquoi, dis-je, notre organisation politique actuelle ne renferme pas, telle qu'elle est, les élémens de l'organisation *industrielle*, et cela explique et légitime, jusqu'à un certain point, la demande de réforme électorale.

Le principe qui me paraît le plus important à établir dans la politique pratique, dans le gouvernement, est celui-ci : pour ne rien *détruire*, sans *construire* en même temps, il faut tracer, creuser et bâtir les fondemens du nouvel édifice, *en dehors* de l'édifice ancien, et ne démolir le toit de celui-ci que lorsque l'on a voûté les caves de l'autre. Quels que soient les efforts que l'on fasse pour repousser ou pour attirer l'opposition, résistance ou concession, tout sera inutile, si l'on prétend par la résistance la détruire, ou par les concessions la fondre et la couler dans le moule gouvernemental actuel. C'est pourquoi les opposans estiment moins et n'aiment pas davantage les hommes à *concession* que les hommes de *résistance*; ils sentent parfaitement que les uns comme les autres n'ont que l'intention de les amortir, et que tous deux, également, n'ont pas conscience de la légitimité du principe que l'opposition représente : ainsi donc, au lieu d'employer nos efforts à défendre ou à miner l'édifice *constitutionnel*, bâtissons l'édifice *industriel*.

L'organisation politique actuelle ne renferme pas, ai-je dit, les élémens de l'organisation *industrielle*; en d'autres termes, le gouvernement, tel qu'il est, fondé spécialement et presque exclusivement sur la *propriété* et non sur le *travail*, n'est pas compétent pour déterminer les conditions du *travail*, ni même pour commander et diriger le travail; ceci est admis même par les défenseurs les plus chauds du pouvoir, qui auraient tous la plus grande crainte s'ils voyaient le gouvernement vouloir réglementer, gouverner l'industrie, et qui, tout en déplorant l'état anarchique du travail, ne conçoivent pas que ce soit au pouvoir social à l'organiser. Rappelez-vous la question des chemins de fer, celle des canaux, en général celles des douanes, et vous verrez combien le gouvernement lui-même se défie de ses propres forces, et combien ses amis les plus dévoués l'aident à avoir peur, lorsqu'il tend à prendre cette direction.

Le principe anarchique des économistes, le *laissez faire, laissez passer*, est aujourd'hui la théorie des gouvernemens eux-mêmes; il est, en effet, juste à leur égard, parce que leurs connaissances et leur pratique n'embrassent pas les besoins et les intérêts de l'industrie; par conséquent, s'il y a quelque chose de vrai dans la réclamation radicale, relative à l'*organisation du travail,* il est évident que cette œuvre n'appartient ni à l'opposition, ni au gouvernement, que ce n'est pas une œuvre politique, selon l'acception du mot, et qu'elle doit s'accomplir, autant que possible, en dehors des passions et des partis politiques; c'est pour cela qu'on a raison de la qualifier d'œuvre *sociale.*

Il ne faut pas se le dissimuler, l'œuvre qu'il s'agit d'entreprendre, est d'une telle importance, que les passions et les partis n'y resteront pas étrangers; l'opposition y cherchera des armes de bouleversement; le gouvernement devra donc y chercher des moyens d'édification, de consolidation. Lorsque l'empereur s'est emparé des armées, d'abord, et du trône ensuite, non seulement il a régularisé, ordonné, organisé les armées informes de la République, mais il a fait servir ces *sans-culottes* enrégimentés, à l'édification de son trône *despotique.* C'est un procédé analogue que le gouvernement devra employer pour régulariser progressivement et s'assimiler l'essai informe, d'abord un peu anarchique, qu'il doit provoquer et surveiller dans les masses industrielles. Il faut que les *prolétaires,* pacifiquement enrégimentés, deviennent la base solide d'un gouvernement où la propriété sera respectée et garantie; il faut que les *sans-culottes* de l'industrie soient un jour les fidèles serviteurs, je ne dis pas d'un pouvoir despotique, mais d'un vrai *pouvoir qui puisse,* d'un gouvernement qui gouverne, d'une autorité qui ne soit pas esclave; il faut, en un mot, former une société où il y aura des gens qui commanderont et des gens qui obéiront, et mieux encore, des gens qui sauront et pratiqueront avec un zèle égal, *l'autorité et l'obéissance,* comme cela doit être dans toute société organisée.

Les radicaux révolutionnaires attacheront une importance extrême à deux points, en effet capitaux; heureusement, leur solution du premier point est bonne, et celle du second n'est point dangereuse, au *premier moment.* Ils voudront d'abord que le gouvernement n'intervienne pas dans les assemblées des ouvriers; ensuite ils tiendront à faire nommer les assemblées supérieures par *la masse entière,* ou du moins par *le plus grand nombre* possible d'inférieurs. Il ne s'agit point de *concéder* ces deux principes, ou de leur *résister,* il faut que le gouvernement lui-même pose le premier, et qu'il livre le second à la discussion ; l'impossibilité seule fera justice des assemblées monstres.

Les radicaux attacheront en outre une grande importance au règlement *parlementaire* de ces assemblées industrielles ; ils perdront un temps infini à discuter la formation des bureaux, l'ordre des discussions, enfin la *forme*, sans beaucoup s'inquiéter du *fond*. Le gouvernement doit faire le contraire, c'est-à-dire ne rien affirmer ni discuter, quant à la *forme*, la laisser toute entière à la décision de la tribune, et l'abandonner aux débats de la presse, mais affirmer positivement le *fond*. Il doit proclamer ce que feront ces assemblées industrielles et non pas comment elle le feront ; dire le *but* qu'il veut atteindre, et non le *moyen* de l'atteindre ; en d'autres termes, il doit ajouter à la première partie de la formule d'Arago : nous voulons l'organisation du travail, ces mots : nous convoquons les *états généraux de l'industrie :* telle est la vraie solution de l'immense difficulté soulevée par la *réforme électorale*.

C'est en effet (que ceci ne vous effraie pas) la *convocation des* ÉTATS qu'il faut faire aujourd'hui ; mais ne faisons pas la faute qui a été commise en 1788, lorsqu'on a convoqué les trois ordres, dont deux étaient vraiment les ordres *politiques* d'alors, et l'autre l'ordre *civil*, en opposition avec les deux autres. N'appelons pas aujourd'hui sur le même théâtre politique le *prolétaire* et le *propriétaire*, ce dernier serait avalé, comme l'ont été la noblesse et le clergé.

On pourrait donc réduire à ces termes simples la conduite qu'aurait à tenir le gouvernement pour commencer ce grand mouvement social de l'organisation de l'industrie : *Convocation des différens états industriels, en vue de l'organisation du travail* ; c'est-à-dire qu'il importe, en ce moment, de faire prendre au gouvernement l'initiative pour atteindre ce but ; il faut qu'il pose lui-même la question, qu'il en saisisse toutes les intelligences, car je suis certain que lorsqu'il aura agi de la sorte, ce seront les hommes d'ordre et d'autorité qui trouveront, les premiers, les moyens de réaliser cette organisation désirée.

Telle est, en effet, la nature toute particulière de l'industrie, que les questions qui la concernent, *lorsqu'elles sont jugées par des industriels*, ne peuvent conduire qu'à des solutions pacifiques, productives; de même, toutes les questions militaires, jugées par des militaires, conduisent à la guerre et à la destruction; les questions de législation, traitées par des avocats, conduisent aux procès et aux prisons; et les questions d'hygiène, traitées par des pharmaciens, conduisent aux médecines et aux sangsues. Chaque homme est orfèvre, comme M. Josse; mais, en sa qualité d'orfèvre, M. Josse était plus capable d'*organiser sa boutique* que n'aurait pu l'être aucun gentilhomme, et que ne pourrait l'être, aujourd'hui, un bourgeois.

J'ai dit que, selon *la gauche*, l'organisation industrielle devait s'accomplir en introduisant, par la réforme électorale, les masses *dans* la politique, et que je croyais, au contraire, important de préparer cette organisation *en dehors* de la politique; mais je crains bien qu'une troisième solution ne paraisse au gouvernement plus prudente et plus sage que la mienne et que celle des radicaux; cette troisième solution me semblerait au contraire la plus dangereuse sous tous les rapports, la plus impuissante pour le bien, et la plus capable d'erreurs, la voici : les hommes d'ordre se diront sans doute, le jour où ils sentiront bien nettement l'importance et l'urgence de cette question d'organisation des masses : pourquoi appeler d'autres que nous à cette œuvre, soit par le mode radical de *la réforme*, soit par une *convocation d'états*? Ne sommes-nous pas capables, nous gouvernement, nous chambres, nous administration, de nous tirer d'affaire tout seuls? N'avons-nous pas dans le ministère MM. Martin (du Nord) et Teste, avocats, qui entendent fort bien les travaux publics? La doctrine n'a-t-elle pas M. Duchâtel, l'ancien économiste du journal littéraire et philosophique, le *Globe?* Les Chambres n'ont-elles pas M. Fould et une quantité d'hommes nommés par M. Dupin des loups-cerviers? Enfin l'administration possède son corps des ponts-et-chaussées. Tout cela est vrai, et je suis très loin de dire qu'il n'y ait pas, dans notre constitution politique actuelle, beaucoup d'hommes capables d'aider à l'organisation industrielle, comme il y avait des représentans du peuple, fort braves, très vigoureux, qui ont enflammé des armées; mais l'armée a été formée et organisée par des hommes tels que Moreau, Hoche et Napoléon, qui ne sortaient ni de la Convention, ni même du club des Jacobins, qui étaient des militaires, et qui se sont entourés de *soldats*, comme Masséna, Jourdan, Joubert, Lannes, Murat, lesquels n'étaient pas dans l'*administration*, mais dans la *troupe*. Aujourd'hui, ce sont également des industriels qu'il faut, de vrais industriels et non des hommes politiques; il faut des travailleurs, des ouvriers, de bons *soldats de l'industrie*, comme dit Vinçard le prolétaire, lequel Vinçard est précisément un de ces héros-là.

Je crains beaucoup cette prétention gouvernementale, parce qu'elle n'est pas justifiable, parce que l'industrie a jusqu'ici été *en dehors* de la constitution politique, et que, pour l'y faire entrer, il faut qu'elle commence par s'organiser provisoirement là où elle est, c'est-à-dire en dehors du parlementaire, sauf à ce que, plus tard, ce premier essai d'organisation se modifie, ainsi que le parlementaire lui-même, pour se fondre, l'un et l'autre, dans une nouvelle forme politique. Je suis plus juste-milieu que les plus grands juste-milieu du monde, en repoussant la prétention des hommes de la *liberté* (la réforme électorale *pour* l'organisation de l'industrie) et la prétention probable des hommes de l'*autorité* (l'organisation de l'industrie *par* le gouvernement actuel), je défends le sentiment des hommes du *progrès*, des hommes qui aiment également l'ordre et la liberté, en demandant l'organisation *sociale* de l'industrie *en dehors et à côté* de l'organisation *politique* de la bourgeoisie propriétaire, en demandant de *fonder un nouvel* atelier au lieu de *détruire* l'ancien ou de s'obstiner à travailler dans les *ruines de la vieille boutique*.

Avant de résumer sous une forme pratique, et pour ainsi dire en projet de loi, ce que j'ai si longuement exposé, j'ai besoin de résumer *les motifs*, et ce résumé sera, selon moi, le cadre du discours qui accompagnerait la présentation aux Chambres; ce serait l'inspiration que devrait suivre le ministre qui en serait chargé.

1° La *réforme électorale* cache une question sociale de la plus haute importance, l'*organisation industrielle*;

2° Le gouvernement, plus encore que l'opposition, en comprend la nécessité;

3° L'opposition refuse au gouvernement la compétence en pareille matière, puisque c'est dans le but de lui donner cette capacité qu'elle propose la réforme électorale;

4° Le gouvernement reconnaît, il est vrai, que l'organisation industrielle est un fait nouveau pour la politique ; mais il déclare qu'il lui appartient de le provoquer et de présider, comme il l'a fait successivement pour l'organisation militaire, judiciaire, électorale, communale, de la garde nationale, en un mot, pour tous les faits politiques qui se sont progressivement développés, depuis la grande révolution française, et qui ont replacé peu à peu sur de nouvelles bases la société ébranlée et transformée par cette révolution.

5° Dans cette situation, le gouvernement doit saisir les Chambres et le public de cette grande question, mais il doit surtout appeler à concourir à sa solution, les hommes qui y ont capacité spéciale, par leurs études, leurs travaux et les intérêts de toute leur vie, c'est-à-dire les industriels eux-mêmes.

6° Dans ce but, il propose aux Chambres un projet de loi qui, livrant aux débats de la tribune et de la presse la question d'organisation industrielle, aura directement pour effet d'obtenir, des industriels eux-mêmes, par une convocation générale de tous les membres de l'industrie nationale, l'expression des vœux de l'industrie, et de poser les premières bases d'une organisation qui se développera avec prudence.

7° Ce projet de loi est donc une *convocation de l'industrie*, en vue de l'organisation industrielle, convocation générale, comprenant tous les membres de l'industrie commerciale et manufacturière, répartis d'abord en trois classes correspondantes aux trois classes des patentés dans le *commerce*, et aux compagnons, maîtres et chefs d'atelier dans les autres *professions industrielles* ; puis en deux autres classes supérieures résultant, la première, d'une *élection* faite par les trois premières classes, et à part égale ; la deuxième, d'une élection faite par la première classe, et représentant ainsi les vœux et les intérêts de toute la population industrielle.

8° D'après ce projet : les chefs-lieux de canton, les chefs-lieux d'arrondissement, les chefs-lieux de département, les grands centres de population industrielle, enfin la capitale, auront une, ou plusieurs, ou la totalité des cinq classes ci-dessus indiquées, embrassant les intérêts individuels, ou collectifs, ou universels de l'industrie française.

9º Ceci n'est pas l'organisation de l'industrie : c'est le cadre préparatoire de l'organisation ; c'est non seulement un appel fait à l'industrie elle-même pour exprimer ses vœux, c'est aussi, pour les Chambres, pour l'administration, pour le gouvernement, un moyen d'apprécier les procédés propres à régulariser et développer le mouvement d'organisation industrielle ; c'est, en outre, le moyen de faire surgir, des classes industrielles, les hommes dont la capacité *politique* n'aura en effet sa place, qu'à l'époque où l'industrie elle-même aura pris sa place dans notre constitution *politique*.

10º La réforme électorale *pour* l'organisation de l'industrie est une question à retourner et qui doit être posée ainsi : Organiser l'industrie *pour* pouvoir mettre nos formes gouvernementales en harmonie avec les besoins actuels et futurs de la société. Tant que les classes industrielles, les masses, n'auront pas un certain degré d'organisation, tant que le peuple sera dans l'anarchie sous tous les rapports, toute réforme politique qui rapprocherait de lui le cens électoral, sera anarchique, révolutionnaire.

(J'ai commencé par la réforme et je finis par elle, c'est que là est le danger, et que si le gouvernement ne pare pas cette attaque, en attaquant lui-même, nous n'échapperons pas encore une fois à une révolution.)

ORGANISATION INDUSTRIELLE.

CONVOCATION GÉNÉRALE DE L'INDUSTRIE.

LOI SUR L'ORGANISATION DES CONSEILS DE L'INDUSTRIE.

Art. 1er. Tout Français jouissant des droits civils, âgé de 25 ans et payant patente *industrielle* ou *commerciale*, ou travaillant comme compagnon, maître ou chef d'atelier, est appelé à faire partie des assemblées et conseils de l'industrie — (J'ignore s'il est facile de faire dresser d'avance des listes électorales sur cette base; dans le cas contraire, ce serait l'un des premiers objets dont s'occuperaient les conseils.)

Art. 2. Dans chaque chef-lieu de canton, les patentés de troisième classe et les compagnons des différents états, domiciliés dans le canton, seront réunis le premier dimanche du mois de.... dans un des lieux désignés par l'autorité municipale, sous la présidence du maire, pour procéder immédiatement à l'élection du CONSEIL DES COMPAGNONS.

Art. 3. Dans chaque chef-lieu d'arrondissement les patentés de deuxième classe et les *maîtres* des différens états, domiciliés dans l'arrondissement, seront réunis le premier dimanche du mois de.... (autre mois que le précédent), dans un lieu ou des lieux désignés par le sous-préfet et sous sa présidence, pour procéder immédiatement à l'élection du CONSEIL DES MAITRES.

Art. 4. Dans chaque chef-lieu de préfecture, les patentés de première classe et les chefs d'atelier, domiciliés dans le département et employant plusieurs maîtres (quand bien même ces chefs d'atelier ne paieraient qu'une patente de deuxième ou troisième classe), seront réunis le.... (une autre époque que les deux précédentes) dans un lieu désigné par le préfet et sous sa présidence, pour procéder immédiatement à l'élection du CONSEIL DES CHEFS D'ATELIER.

Art. 5. Dans chacune de ces réunions, le maire, le sous-préfet ou le préfet distribueront à chaque membre une carte portant son nom, sa profession et son domicile, et inscriront sur un registre les mêmes désignations (ceci se fait en présentant passeport ou livret ou patente ou autre titre officiel, dans le cas où préalablement la liste électorale n'aurait pas été dressée et des cartes d'électeurs délivrées.)

Art. 6. Dans ces réunions, toute délibération ou discussion est interdite; elles n'ont d'autre but que l'ÉLECTION DES CONSEILS.

Art. 7. Les conseils se composent d'un nombre de membres proportionné à celui des électeurs inscrits; pour *les conseils des compagnons*, 1 sur 100 dans les villes au-dessous de 10,000 âmes, 1 sur 200 dans les villes au-dessous de 20,000 — pour *les conseils des maîtres*, 1 sur 100 dans les arrondissemens au-dessous de 30,000 âmes, 1 sur 200 dans les arrondissemens au-dessous de 60,000 ; enfin, pour *les conseils des chefs d'atelier*, 1 sur 100 dans les départemens au-dessous de 200,000 âmes, 1 sur 200 dans les départemens de 400,000. (Ces proportions exigeraient une vérification, ou justification statistique, sur laquelle les préfets peuvent éclairer le gouvernement en quelques jours. Les grandes villes auront des élections et des conseils de *compagnons* par quartier, et quelques-unes pourront exiger même plusieurs conseils de *maîtres* : ceci est un détail qu'il faudrait vérifier.)

Art. 8. Les élections sont faites sur bulletin remis ouvert par le président, et sur lequel l'électeur écrit ou fait écrire son vote secrètement, par un électeur de son choix ; le bulletin qu'il remet au président est déposé par celui-ci dans une boîte destinée à cet usage ; chaque bulletin porte une liste égale au nombre de membres exigé pour le conseil.

Art. 9. Lorsqu'après l'appel de tous les électeurs ayant reçu des cartes l'élection est close, le président appelle au bureau les cinq plus agés et les cinq plus jeunes électeurs, et ceux-ci dépouillent le scrutin.

Art. 10. Les élections qui n'auront point été terminées le premier jour, avant la nuit, seront prolongées le lundi, puis renvoyées au dimanche et au lundi suivans, mais devront être terminées dans la quinzaine, et dans aucun cas ne commenceront avant le jour et ne se continueront jamais pendant la nuit.

Art. 11. Après les élections, les *assemblées* sont dissoutes, et les conseils sont institués au nom du roi, par les maire, sous-préfet et préfet, dans les chefs-lieux de canton, d'arrondissement et de département. Dans ces installations, les maires, sous-préfets et préfets président jusqu'à la formation des bureaux.

Art. 12. Un mois après ces installations, qui auront lieu, comme les élections, à des époques différentes, les conseils des compagnons, des maîtres, des chefs d'atelier, nomment isolément, dans leur sein, un nombre égal de représentans, formant un *conseil supérieur*, dont le siége est fixé aux villes ci-après désignées (suit la nomenclature des circonscriptions industrielles, analogue à celle des divisions militaires ou des cours royales, mais basées sur les relations industrielles des départemens entre eux, et réunissant ainsi plusieurs départemens dans une même division industrielle).

Art. 13. Ces conseils supérieurs de l'industrie, composés d'un nombre égal de représentans de chacune des trois classes de compagnons, maîtres et chefs d'atelier, seront au moins de trente membres, jamais de plus de soixante, et le nombre des députés élus par les trois conseils précédens est fixé par le tableau ci-joint, qui indique le nombre afférent à chaque département (c'est six, douze, dix-huit, vingt-quatre ou trente, selon que les départemens ont 200, 400, 600, 800,000 âmes ou un million et plus, Paris excepté, qui fournirait à lui seul (trois par arrondissement) trente-six membres au *conseil supérieur*, conseil qui pourrait dépasser quatre-vingt membres, si l'on rattachait à la Seine les départemens qui l'entourent).

Art. 14. Le préfet, accompagné des principales autorités du département, procédera à l'installation des conseils supérieurs de l'industrie ; ces conseils constitueront leur bureau, et le président sera nommé par le ministre, sur présentation d'une liste de trois candidats. Après cette constitution, ils procéderont à l'élection, dans leur sein, d'un certain nombre de représentans, députés à Paris, et formant le conseil général de l'industrie française. (Je crois qu'en supposant les circonscriptions industrielles s'élevant à 30, et ce nombre me paraît nécessaire, le conseil général pourrait s'élever à 120 membres, en supposant que les *conseils supérieurs* y députeraient un nombre égal au dixième de leurs membres.)

Art. 15. L'installation du conseil général de l'industrie française sera faite au nom du roi, par M. le président du conseil des ministres, assisté de M. le ministre du commerce (ou des travaux publics), lequel présidera le conseil général jusqu'à la formation du bureau et la nomination par le roi du président, choisi sur liste de trois candidats.

Art. 16. Les membres du conseil général sont rétribués par l'Etat (appointemens fixes et jetons de présence).

Art. 17. Les membres des conseils supérieurs sont rétribués sur le budget de la ville où est le siége du conseil (appointements fixes et jetons de présence.)

Art. 18. Il n'est alloué aucune rétribution aux membres des autres conseils, leurs frais de bureaux seulement sont à la charge de la ville ou du département.

Art. 19. Les *conseils* de *compagnons*, au chef-lieu de canton, se réunissent chaque dimanche ; ceux des *maîtres*, au chef-lieu d'arrondissement, tous les trois mois ; ceux des *chefs d'atelier*, au chef-lieu de préfecture, tous les six mois. Les sessions des *conseils des maîtres* ne peuvent dépasser trois jours, ni celles des *conseils de chefs d'atelier* dépasser quinze jours ; toutefois, ces deux derniers conseils doivent conserver en permanence une commission de cinq membres, qui est renouvelée, la première tous les trois mois, la seconde tous les ans.

Art. 20. Les CONSEILS SUPÉRIEURS et le CONSEIL GÉNÉRAL de l'industrie sont permanens.

Art. 21. La durée des fonctions pour les membres de chaque classe de conseils, et le mode de renouvellement des membres de chaque conseil, sont fixés de la manière suivante :

1º Les membres des *conseils des compagnons* sont nommés pour deux ans ; ils peuvent être réélus.

2º Les membres des *conseils des maîtres* sont nommés pour trois ans et renouvelés par tiers chaque année à la dernière session du conseil ; ils peuvent être réélus.

3º Les membres des *conseils des chefs d'atelier* sont élus pour quatre ans et renouvelés par moitié, de deux en deux ans, à la fin de chaque session paire ; ils peuvent être réélus.

4º Les membres des CONSEILS SUPÉRIEURS sont élus pour cinq ans, et renouvelés tous les cinq ans intégralement ; ils peuvent être réélus.

5º Les membres du CONSEIL GÉNÉRAL de l'industrie sont élus pour cinq ans et renouvelés par cinquième chaque année ; ils peuvent être réélus.

Art. 22. Les *conseillers de l'industrie* doivent porter dans l'exercice de leurs fonctions, et peuvent porter toujours, comme signe distinctif, une branche de chêne et une d'olivier, croisées et placées à droite sur la poitrine.

Les conseillers *compagnons*, décoration brodée en soie.
— *maîtres*, — — en argent.
— *chefs d'atelier* — — en or,
— *supérieurs* — fondue en or.
— *généraux* — — en or, avec glands et olives en brillans.

Ces deux dernières décorations sont délivrées aux *conseillers supérieurs* par le préfet, et aux *conseillers généraux* par le ministre, au nom du roi; on leur rend les honneurs militaires.

Art. 23. Les *conseillers généraux* sont éligibles à la chambre des députés, quelles que soient leurs contributions, et les *conseillers supérieurs* jouissent du droit électoral, quelles que soient aussi leurs contributions. Un *conseiller général* élu deux fois, acquiert par cela seul un titre qui le rend susceptible d'être élevé à la dignité de pair de France.

Art. 24. Les fonctions et attributions des divers conseils sont fixées de la manière suivante :

1° Le *conseil des compagnons* règle les différends des compagnons entre eux, les concilie ou les juge, dans des limites qui seront déterminées par ordonnance; il représente leurs intérêts auprès des maîtres; il rapporte et défend devant le *conseil des maîtres* les réclamations des compagnons et des apprentis contre les maîtres, et adresse tous les mois un rapport au CONSEIL SUPÉRIEUR.

2° Le *conseil des maîtres* règle les différends des maîtres entre eux; juge en premier ressort les réclamations des compagnons conter les maîtres, dans des limites qui seront fixées par ordonnance; il représente les intérêts des maîtres auprès des chefs d'ateliers; il rapporte et défend devant le conseil des *chefs d'atelier*, les réclamations des maîtres contre ceux-ci, et adresse tous les trois mois un rapport au CONSEIL SUPÉRIEUR.

3° Le *conseil des chefs d'atelier*, règle les différends des chefs d'atelier entre eux, et juge en premier ressort les réclamations des maîtres contre les chefs d'atelier, dans des limites fixées par ordonnance, et en dernier ressort, celles des compagnons contre les maîtres; il représente les intérêts des chefs d'atelier auprès du con-

SEIL SUPÉRIEUR, auquel il adresse tous les six mois un rapport sur *l'état général* de l'industrie du département.

4° Le CONSEIL SUPÉRIEUR juge en dernier ressort les contestations des maîtres avec les chefs d'ateliers; il est en rapport direct avec l'autorité administrative, pour les réclamations ou propositions qui intéressent l'industrie, dans le ressort de la division industrielle, et en rapport avec le CONSEIL GÉNÉRAL, pour les réclamations ou propositions relatives à l'industrie locale, dans ses relations avec les autres divisions industrielles ou avec l'étranger. Les rapports que lui adressent les trois autres conseils lui servent à établir la statistique industrielle de la division, et le met à même de transmettre constamment au CONSEIL GÉNÉRAL les mesures qu'il croit propres à l'amélioration du sort des travailleurs. Il a spécialement l'inspection des écoles industrielles, des salles d'asile, des hôpitaux civils, des prisons de travail, sous des formes et dans des limites qui seront réglées par ordonnance; enfin, il transmet aux conseils des compagnons, des maîtres et des chefs d'atelier, les instructions du CONSEIL-GÉNÉRAL.

5° Le CONSEIL GÉNÉRAL n'est en rapport qu'avec les CONSEILS SUPÉRIEURS, d'une part, et de l'autre, avec le ministre du commerce (et celui des travaux publics, si l'on continue à trouver utile cette division). Il réunit dans son sein tous les élémens de la statistique morale, intellectuelle et physique de la population industrielle, soit quant à la production intérieure, soit quant au commerce extérieur. Il examine les projets qui lui sont adressés par les conseils supérieurs ou par des individus, et qui ont pour but une œuvre industrielle ayant une importance *générale*, nationale. Il propose au gouvernement, les mesures qu'il juge utiles au développement de la richesse publique, et spécialement celles qui tendraient à perfectionner l'organisation industrielle.

Art. 25. La commission permanente à laquelle le *conseil des maîtres* laisse le soin des affaires courantes, pendant l'intervalle des sessions trimestrielles, et celle qui est également instituée par le *conseil des chefs d'atelier*, pour remplir des fonctions permanentes au chef-lieu du département, jouissent de toutes les attributions des conseils eux-mêmes, sauf celles qui sont relatives aux élections de ces conseils et aux rapports avec le CONSEIL SUPÉRIEUR, qui exigent la réunion générale du conseil des *maîtres* ou des chefs d'atelier.

Art. 26. Sur la demande de chacune de ces commissions, adressée au CONSEIL SUPÉRIEUR, celui-ci peut autoriser des convocations extraordinaires des deux conseils des *maîtres* ou des *chefs d'atelier*, sauf l'approbation du préfet du département, à qui l'autorisation du conseil supérieur sera transmise, et qui fera la convocation. Le préfet lui-même pourra toujours convoquer extraordinairement les conseils, quand il jugera qu'il y a urgence.

Art. 27. La loi, les décrets, ordonnances et arrêtés relatifs aux prud'hommes sont abrogés; une ordonnance réglera celles des attributions des prud'hommes qui devront être transférées aux trois conseils des *compagnons*, des *maîtres* et des *chefs d'atelier*.

Art. 28. Une somme de.... est allouée pour les frais d'établissement du CONSEIL GÉNÉRAL et des CONSEILS SUPÉRIEURS.

Art. 29. Une dotation annuelle de..... est affectée au service des appointemens des membres du CONSEIL GÉNÉRAL, et aux dépenses des bureaux de ce conseil.

Art. 30. Les villes où siégeront les CONSEILS SUPÉRIEURS affecteront également une dotation annuelle au service des appointemens des membres des CONSEILS SUPÉRIEURS, et aux dépenses des bureaux de ces conseils.

Le tableau suivant présente 32 *divisions industrielles* avec la répartition de 1,200 membres des CONSEILS SUPÉRIEURS, par division et par département, et celle de 120 membres du CONSEIL GÉNÉRAL par division.

Tableau des trente-deux divisions industrielles, avec le nombre des membres des CONSEILS SUPÉRIEURS *élus par chaque département, et des membres du* CONSEIL GÉNÉRAL.

SIÉGE de la DIVISION INDUSTRIELLE.	DÉPARTEMENS.	POPULATION.	CONSEIL		
			SUPÉRIEUR.		GÉNÉRAL.
Quimper ou Brest.....	Finistère..........	450,000	15	42	4
	Côtes-du-Nord......	510,000	15		
	Morbihan	400,000	12		
Nantes......	Loire-Inférieure...	410,000	15	39	4
	Maine-et-Loire.....	405,000	15		
	Vendée...........	269,000	9		
Poitiers.....	Vienne...........	260,000	12	33	3
	Deux-Sèvres.......	260,000	12		
	Indre.............	205,000	9		
Angoulême .	Charente..........	327,000	12	30	3
	Charente-Inférieure	402,000	18		
Bordeaux...	Gironde..........	520,000	18	39	4
	Landes...........	240,000	9		
	Basses-Pyrénées....	390,000	12		
Carcassonne.	Aude	270,000	9	30	3
	Pyrénées-Orientales.	127,000	6		
	Ariége...........	223,000	9		
	Hautes-Pyrénées...	200,000	6		
Toulouse ...	Haute-Garonne....	370,000	15	36	4
	Gers.............	290,000	9		
	Tarn.............	300,000	12		
Montauban..	Tarn-et-Garonne...	230,000	9	30	3
	Lot..............	270,000	9		
	Lot-et-Garonne	330,000	12		
Rodez.......	Aveyron..........	350,000	15	30	3
	Cantal............	250,000	9		
	Lozère	150,000	6		
Montpellier.	Hérault	350,000	15	36	4
	Gard.............	330,000	12		
	Vaucluse.........	220,000	9		
Marseille....	Bouches-du-Rhône..	360,000	18	33	3
	Var..............	290,000	9		
	Basses-Alpes......	147,000	6		
Grenoble....	Isère.............	550,000	21	30	3
	Hautes-Alpes	135,000	9		
Valence.....	Drôme...........	300,000	12	33	3
	Ardèche..........	340,000	12		
	Haute-Loire.......	290,000	9		
Lyon	Rhône...........	450,000	21	51	5
	Loire............	390,000	18		
	Ain..............	320,000	12		
	A reporter..	12,880,000		492	49

SIÉGE de la DIVISION INDUSTRIELLE.	DÉPARTEMENS.	POPULATION.	CONSEIL		
				SUPÉRIEUR.	GÉNÉRAL
	Report..	12,880,000		492	49
Mâcon......	Saône-et-Loire.....	500,000	18	30	3
	Jura..............	215,000	12		
Dijon.......	Côte-d'Or.........	360,000	12	33	3
	Haute-Saône.......	340,000	12		
	Doubs............	250,000	9		
Colmar	Haut-Rhin.........	450,000	18	30	3
	Vosges...........	340,000	12		
Strasbourg..	Bas-Rhin..........	500,000	18	30	3
	Meurthe..........	360,000	12		
Chalons-sur-Marne....	Marne............	400,000	15	33	3
	Haute-Marne.......	240,000	9		
	Aube.............	250,000	9		
Metz........	Moselle...........	420,000	18	30	3
	Meuse............	320,000	12		
St-Quentin..	Aisne............	520,000	18	30	3
	Ardennes.........	300,000	12		
Lille........	Nord.............	950,000	30	54	6
	Pas-de-Calais......	650,000	24		
Amiens.....	Somme...........	550,000	18	33	3
	Oise.............	390,000	15		
Rouen......	Seine-Inférieure....	700,000	30	45	5
	Eure.............	425,000	15		
Caen	Calvados..........	520,000	18	51	5
	Manche	580,000	18		
	Orne.............	430,000	15		
Rennes.....	Ille-et-Vilaine......	510,000	18	30	3
	Mayenne	330,000	12		
Le Mans....	Sarthe...........	410,000	15	39	4
	Indre-et-Loire.....	280,000	12		
	Loir-et-Cher.......	220,000	12		
Orléans.....	Loiret...........	300,000	15	33	3
	Eure-et-Loir.......	270,000	9		
	Cher.............	230,000	9		
Nevers......	Nièvre	290,000	12	33	3
	Yonne............	350,000	12		
	Allier...........	260,000	9		
Clermont ...	Puy-de-Dôme......	580,000	21	30	3
	Creuse...........	230,000	9		
Périgueux ou Limoges..	Haute-Vienne......	280,000	12	36	4
	Dordogne.........	450,000	15		
	Cantal...........	260,000	9		
Paris.......	Seine............	1,100,000	42	78	8
	Seine-et-Oise	450,000	21		
	Seine-et-Marne.....	320,000	15		
	Corse	200,000	30	30	3
		31,160,000		1,200	120

DEUXIÈME PARTIE.

POLITIQUE GÉNÉRALE.

CORRESPONDANCE POLITIQUE.

POLITIQUE GÉNÉRALE.

I.

Le Caire, octobre 1835.

MON CHER AMI,

Quel que soit le résultat de cette victoire, d'une hardiesse aussi impudente qu'imprudente, que vient de remporter le ministère, il est certain que nous sommes en *contre-révolution*, et par conséquent arrivés à une nouvelle oscillation de la balance politique, au moyen de laquelle la France marche de l'ancien régime au régime nouveau. Quel sera le nombre de ces oscillations? Je n'en sais rien, mais elles sont nécessaires, inévitables, par conséquent elles légitiment très bien les vues des doctrinaires, dont le seul tort est de voir dans ce fait, éminemment transitoire, un fait éternel.

Etre en contre-révolution, cela signifie être gouverné par un pouvoir qui veut l'ordre, sans savoir quel ordre, mais enfin qui veut l'ordre, parce que son instinct, et une vue assez profonde, quoique incomplète, de l'histoire, lui montrent et lui font sentir que jamais pouvoir n'a duré et ne durera sans ordre.

D'un autre côté, être en contre-révolution, cela signifie qu'il y a une masse d'individus ne voulant pas l'ordre voulu par le pouvoir, parce que leur instinct aussi et l'étude de l'histoire, leur montrent que c'est l'ordre du passé auquel on prétend les soumettre.

Or, il est toujours résulté de toutes les oscillations de ce genre, dont quelques-unes ont eu même plusieurs phases successives, que, par chacune d'elles, l'ordre du passé a été de plus en plus modifié et rapproché de l'avenir ; si bien que les Bourbons, quoi qu'on en ait pu dire, étaient plus près que Napoléon de l'ordre de l'avenir. Un fait suffit pour le prouver : ils ont toujours été en paix, Napoléon toujours en guerre. Aujourd'hui, soit par Louis-Philippe, soit par Henri V, soit par tout autre fait *contre-révolutionnaire*, nous marcherions encore vers l'avenir, de même que, par les faits *révolutionnaires* successifs, nous nous sommes de plus en plus dépouillés de ce qui doit mourir dans l'ordre du passé.

Je le sais, cet optimisme a un caractère absolu qui le rend niais, si on le pousse dans toutes ses conséquences; aussi ne le fais-je pas, je ne prends les choses qu'en masse; mais il est un autre reproche à faire à cet optimisme, c'est son apparent fatalisme, qui empêcherait d'attacher grande importance à la prévision de l'avenir, puisque, quel que fût l'événement, l'humanité en profiterait. Aussi ne me bornerai-je pas à ce fatalisme, et en vous disant ce que je désire, je vais exprimer ce que je crois devoir arriver ; ce sera contribuer par moi-même à l'enfantement de l'avenir.

Les idées philosophiques et les faits économiques ont accompli des progrès énormes depuis vingt ans ; il s'agit aujourd'hui de faire faire les mêmes pas dans le domaine de la politique.

Nous touchons au moment où les grandes questions, les vraies questions politiques vont, sinon recevoir une solution, au moins se présenter clairement à tous les yeux. Sous Louis-Philippe, sous Henri V, sous tout autre gouvernement *contre-révolutionnaire*, il en serait ainsi. Je me réjouis donc de ce que le roi et ses ministres ont profité d'une circonstance qui leur a permis de manifester nettement la volonté de *gouverner*.

Mais pourront-ils réaliser leur prétention? D'autres viendront-ils à leur place pour continuer cette tentative? ou enfin cet effort sera-t-il le signal et la cause d'un effet contraire qui nous replongera encore une fois dans la voie révolutionnaire? En d'autres termes, est-ce Louis-Philippe, est-ce Henri V, est-ce la République que nous allons voir sur la scène?

J'ai dit que la conduite actuelle du gouvernement me paraissait d'une hardiesse aussi impudente qu'imprudente ; je ne crois pas avoir besoin de justifier la première qualification ; mais la seconde semblerait devoir résoudre à l'avance la dernière question que je viens de poser, ou du moins exclure le nom de Louis-Philippe de la triple hypothèse que je viens de faire. Telle n'est pas mon intention. L'imprudence me paraît immense, prodigieuse, mais je ne la crois pas irréparable.

D'abord, pour rendre plus claire la question qui renferme trois inconnues, je vais commencer par en éliminer une, la République ; en voici la raison.

Si près de 1830, je regarde comme difficile de croire prochainement à un acte puissant et même victorieux du sentiment révolutionnaire. Les républicains eux-mêmes n'espèrent pas que les classes dites supérieures puissent se convertir peu à peu et renverser le pouvoir actuel, comme cela put se faire par les états-généraux et les assemblées, lors de la première révolution. Les plus raisonnables et les plus adroits parlent de s'en rapporter au progrès de la raison, et de ne compter que sur des moyens pacifiques, pour la propagation de leurs principes ; à la vérité, ils ne prétendent pas convertir l'*aristocratie*, mais seulement les masses, (ce qui n'est pas petite affaire), affirmant avec raison, d'ailleurs, que, si les masses avaient une volonté commune bien *unitaire*, l'aristocratie serait obligée, sans violences populaires, mais par contrainte morale, de marcher dans les voies voulues par le peuple. Dans ces termes, le problème exige du temps, si même il n'est pas insoluble. Eliminons donc, pour le moment, la République ; toutefois, rappelons-nous qu'elle pourrait avoir un succès complet, à l'égard d'un pouvoir qui la laisserait faire, mais aussi à l'égard d'un pouvoir qui ne saurait employer envers elle qu'un système d'*intimidation* et surtout de *terreur*. L'intimidation y conduit, elle est elle-même un développement obligé de la *résistance*.

Ceci m'amène tout naturellement à examiner comment le gouvernement actuel peut continuer l'œuvre qu'il a eu la hardiesse d'entreprendre ; et j'aurai, par là, résolu la question entre lui et Henri V.

Si le gouvernement n'a pas la sagesse de donner des missions éloignées, ou de mettre à une retraite bien rétribuée, mais enfin à la retraite, des serviteurs compromettans, tels que MM. Bugeaud, Viennet, Jaubert, J. Lefèvre et compagnie, et surtout M. Persil, il est perdu. Si, au lieu de vouloir seulement intimider la République, il ne cherche pas à faire quelqu'entreprise glorieuse, aventureuse, utile, productive d'argent et de gloire, qui remplace l'animation que donnait la guerre; s'il ne joint pas à l'intimidation l'attraction; si, dans la famille royale ou dans le ministère, il n'y a pas un cœur assez large, un esprit assez habile pour sympathiser avec ce qu'il y a de grand et de généreux dans les ennemis du pouvoir, et pour le dire hautement; si l'on continue sur le ton méprisant, irritant, qu'on emploie lorsqu'il s'agit d'adversaires politiques; enfin, si l'on veut être Napoléon sans guerre, sans républicains au sénat, sans ultras dans ses antichambres, sans rien qui remplace ces trois conditions de pouvoir du plus vigoureux gouvernant des temps modernes, on tombera.

Mais ce n'est pas tout : je viens d'avoir principalement en vue la République ; il y a un autre adversaire, et celui-là est beaucoup plus redoutable, quoique ce soit un enfant ; la République elle-même serait un aide pour lui. Quoique les partisans de la légitimité fassent beaucoup moins de bruit que ceux de MM. Carrel, Cavaignac, Bastide, etc. ; cependant, comme tout ce qui est partisan du pouvoir actuel ne tient à lui que parce qu'il est pouvoir, il est probable que tous se rattacheraient à Henri V, si quelque événement mettait en discussion le trône, et que son nom serait prononcé par le plus de bouches, même dans le cas où les Républicains renverseraient le gouvernement actuel.

Ici, je le confesse, je suis plus embarrassé pour concevoir les mesures à prendre, afin d'empêcher cette nouvelle oscillation entre le *fait* et le *droit* ; la raison en est simple : c'est qu'il y a tout le passé et tout l'avenir en présence ; j'entends par là qu'on ne pourra instituer un droit social nouveau, que le jour où le droit ancien aura été définitivement jugé : or, comme je l'écrivais dernièrement à Heyne, Dieu n'a pas dit son dernier mot sur le mode à employer pour substituer pacifiquement un droit nouveau au droit ancien.

Les habiles de la politique rétrograde ont répété si souvent que la légitimité royale embrassait toutes les légitimités, qu'en effet la propriété tremble quand le trône chancèle; les propriétaires sont les défenseurs de tous les trônes, quels qu'ils soient, mais ils préfèrent avant tout les trônes légitimes, ils sont éminemment dynastiques. En conséquence, je ne conçois l'impossibilité du retour des vieux bourbons qu'à deux conditions : la première c'est qu'ils mourraient tous, la seconde, qui est la principale, c'est que leur remplaçant marcherait tellement dans les voies de l'avenir, qu'une révolution serait impossible, malgré leur existence, parce que ce pouvoir apporterait l'ordre, la paix et le travail, et rassurerait ainsi les intérêts vraiment légitimes. Dans tous les cas, je ne vois pas, jusqu'à ce que Henri V ait âge d'homme, qu'il y ait beaucoup à craindre son intervention dans le mouvement social; mais cet âge approche, et ce serait dès aujourd'hui qu'il faudrait commencer à élever les barrières que, plus tard, il ne pourrait franchir.

Si l'on ne se hâte pas de réformer les masses par une éducation qui leur serait donnée sous toutes les formes, au théâtre comme à l'école, sur la place publique comme dans les journaux et les livres, et qui détruise les préjugés anti-religieux que leur a transmis le XVIIIe siècle; si on ne substitue pas, au fade sentiment de la *tolérance*, vrai sentiment de castrat, un sentiment de juste admiration et de noble enthousiasme pour toutes les institutions religieuses qui règnent sur le monde, et pour les hommes qui les ont créées de leurs travaux, de leur sang, de leur vie; si on ne livre pas une guerre puissante et à mort aux prétentions athées des malheureux savans mécaniciens, anatomistes, *brutistes* et abrutissans, dont l'opinion exerce encore tant d'empire sur le peuple; si l'on ne fait pas enfin, sous ce rapport, la critique de la critique (comme disait M. de Rémusat dans l'ancien *Globe*) avec une verve semblable à celle qu'on a mise à la simple critique, Louis-Philippe devra craindre les prêtres de Henri V, car le meilleur moyen de faire fuir les *Jésuites*, c'est de rendre une justice éclairée et glorieuse à JÉSUS, c'est de lui vouer un culte sincère d'admiration et de reconnaissance, c'est d'être vraiment religieux.

Mais pour Dieu! qu'on ne se refasse pas jésuite; on y mourrait bien vite, j'aimerais presque mieux qu'on se fît Mahométan; pour l'Occident, ce serait presque un progrès.

Je crains que ceci ne soit pas clair ; mais réfléchissez à ce que je dis du sentiment de la tolérance, et je crois que vous comprendrez bien cette transformation réelle et pourtant vague qu'il faut lui faire subir, transformation déjà prêchée par des hommes tels que Michelet, Quinet, Ampère. En d'autres termes, conservons précieusement le dogme critique : PAS DE RELIGION DE L'ETAT, mais faisons plus que de tolérer ceux qui croient en Dieu, et forçons les savans à dire POURQUOI ils n'y croient pas, puisqu'ils prétendent baser leur incrédulité sur leur science.

Le but à accomplir envers les masses n'est pas autre chose, sous ce rapport, que celui-ci : leur *prouver* qu'il n'y a pas de science qui puisse *prouver* que Dieu n'existe pas, et pour cela pousser les savans jusqu'à leurs derniers retranchemens, les mettre *à quia* ; le reste viendra tout seul, car Dieu est dans le peuple, et je dirais presque (qu'IL me le pardonne) qu'IL n'ose pas s'y montrer.

Sous le rapport politique, une mission semblable doit être accomplie ; il faut faire rougir le peuple de ce qu'on lui a fait perdre toute reconnaissance, tout enthousiasme, toute obéissance pour l'homme fort et puissant. Il faut réhabiliter tant de réputations et d'institutions salies par la bave de Voltaire et par les ordures de ses sales successeurs ; mais, bien entendu, pour enterrer noblement ces réputations et ces institutions, non pour les ressusciter au dix-neuvième siècle. Ne nous faisons ni évêques, ni barons, ne reconstruisons ni les couvens ni les châteaux, n'appelons pas à grands cris un Mahomet, un Louis XIV pour faire le bonheur du monde, mais ne les nommons pas imposteur ou tyran ; inclinons-nous, lorsqu'on prononce leur nom, plus bas que lorsqu'on prononce celui de Newton, ou lorsque nous saluons M. Arago.

Il faudrait être aveugle pour ne pas voir que ces réhabilitations religieuses et politiques sont déjà bien avancées, mais il faudrait être plus aveugle encore pour ne pas en faciliter la propagation avec zèle, et avec toute la puissance que donne un pouvoir qui veut gouverner et non plus se faire traîner à la remorque par les avocats et batailleurs de paroles.

Oui, c'est en rendant hautement justice à ce qu'il y a de beau et de grand dans les hommes qui représentent le passé, qu'on pourra parvenir à les attirer à soi ; mais il faut le dire hautement, et ne pas les flatter en cachette et crier contre eux en public.

Jusqu'ici j'ai considéré la situation de la France, indépendamment de l'influence réciproque qui s'exerce entre elle et les autres nations ; ce serait un mauvais moyen d'arriver à la solution des immenses difficultés de sa position actuelle ; car le véritable remède, selon moi, pour toute société qui se ronge, c'est de chercher la vie dans sa communion avec les autres sociétés. Sans les guerres européennes de Napoléon, sans cette mission universelle qu'il donna à la France, on aurait joué à l'échafaud jusqu'au dernier homme, il ne serait plus resté que le bourreau ; mais l'exécuteur des hautes-œuvres de Dieu s'est fait empereur, et avec ses valets il a couru le monde, et par eux, nous avons tous vécu, pendant vingt ans, de gloire ; et ils ont mêlé le sang de vingt peuples plus près que jamais, aujourd'hui, de se reconnaître comme membres d'une même famille, comme frères.

Dans ma prochaine lettre j'aborderai la question de politique extérieure, à laquelle est également attachée l'existence du gouvernement actuel.

POLITIQUE GÉNÉRALE.

II.

Le Caire, octobre 1835.

MON CHER AMI,

La solution de l'état maladif qui ronge la France est à Constantinople; là s'agitent en ce moment les destinées du monde; c'est là qu'elles seront décidées dans le cours de ce siècle.

Jusqu'ici, les gouvernemens d'Angleterre et de France ont dû temporiser et maintenir le *statu quo*; ils l'ont fait; mais aujourd'hui il y va de leur vie, il faut se hâter; des nations comme l'Angleterre et la France, si petites relativement à leur immense influence, ne peuvent pas vivre des vingt années sans exercer activement cette religieuse et civilisatrice influence que Dieu leur a donnée. Il en est d'elles comme de tant d'âmes élevées, généreuses qui, ne sachant où jeter leur activité, et ne pouvant se condamner à la laisser sommeiller sur un travail vulgaire, se livrent aux désordres les plus ruineux, et dépensent leur vie de la manière la plus coupable. Mon Dieu! comment ne pas gémir, quand on voit sur le globe tant de peuples misérables et ignares, et, d'un autre côté, des nations riches et savantes qui consacrent des années à se consumer sur elles-mêmes ! Où donc est l'enthousiasme, où donc est la gloire, où donc est l'honneur pour la grande nation, reine des mers, pour le grand peuple, roi de la terre, si la grande nation se renferme dans Londres et le grand peuple dans Paris !

Finissons-en avec la politique de Napoléon, son temps est passé; laissons à M. Bignon et à ses amis le plaisir de croire que les barbares du Nord vont nous envahir, et que Nicolas est un croquemitaine qui n'aime à manger que des Français; nous ne craignons plus Pitt et Cobourg, pourquoi donc craindrions-nous Nicolas ?

Le *statu quo* de l'Orient ? mais c'est laisser mûrir le fruit que vous voudriez empêcher de naître; c'est vous condamner à ne recueillir vous-même que la honte d'avoir méconnu la volonté de la Providence et d'avoir voulu vous opposer à ses lois ! Déjà, depuis plusieurs années, il a été dit à ceux qui craignaient la venue des hordes de cosaques sur l'Occident : tournez-leur la face vers l'Orient ! Dieu soit béni ! il a entendu notre prière ! N'est-ce donc rien de voir déjà la Grèce, Alger, l'Egypte, la Syrie échapper aux mains du sultan, et celui-ci forcé de se réfugier dans l'amitié d'un peuple voisin, qui, depuis qu'il a âge d'homme, rêve Constantinople, et qui a été bercé par sa mère de ce grand espoir ? Constantinople depuis qu'elle est fondée, a toujours été la capitale de César, la capitale du sabre le plus fort; celui de Mahomet de tous côtés est ébréché, et l'épée la plus forte, aujourd'hui, c'est le czar qui la porte; lui seul est vraiment autocrate, digne successeur de Constantin et de Mahomet. Vous ne voulez pas qu'il règne à Constantinople ? Mais il y règne de fait, et Mahmoud est bien plus son vassal, je pense, que Méhémet-Ali n'est celui de Mahmoud. Qu'est-ce donc que cette lutte niaise qui croit dissimuler un fait, en jetant dessus quelques papiers diplomatiques ?

Qu'on aborde directement la question avec la Russie. Vous voulez exercer, lui dirait-on, votre influence sur l'Orient, sur l'Asie-Mineure, sur la Perse, sur la Chine même, et pour cela vous voulez Constantinople et la mer Noire; prenez ! Mais maintenant, à nous la Méditerranée, depuis Gibraltar jusqu'aux Dardanelles, à nous la route du golfe Persique, à nous celle de la mer Rouge ! A vous l'Asie orientale à civiliser, à nous l'Inde et l'Afrique. Et alors Londres et Paris s'agitent et fermentent ; les frais immenses que nécessiterait une guerre avec la Russie (guerre inévitable tôt ou tard dans l'hypothèse contraire) sont employés à des expéditions civilisatrices, à des occupations militaires protectrices de travaux pacifiques ; les esprits aventureux, les têtes ardentes vont vers un soleil plus chaud, chercher la richesse, la gloire et aussi le plaisir.

Mais ne nous méprenons point sur la forme à employer dans une pareille politique ; ne rêvons pas des copies de l'affaire d'Alger ; ce ne sont pas des *colonies* qu'il s'agit de former, ni des gouverneurs chrétiens à imposer à des peuples musulmans. Si la Russie faisait la sottise de détrôner le sultan (1) et de mettre un de ses généraux, comme gouverneur de province, sur le trône où s'est assis Constantin, sur le divan des sultans, le général intrus, malgré toute sa force, serait bientôt étranglé, et tous les beaux soldats de Nicolas jetés à la mer, empoisonnés.

De même, si la France et l'Angleterre, par suite de ce que je viens de dire, voulaient s'emparer de quelques provinces méditerranéennes, et y couronner des d'Erlon et des Clauzel, elles y mangeraient de l'argent et des hommes inutilement. Et pourtant, un jour, la Russie aura ses troupes à Constantinople et dans l'Asie-Mineure ; et la France et l'Angleterre auront aussi les leurs partout où elles devront porter leurs mains civilisatrices ; mais qu'elles se gardent de vouloir administrer, gouverner ; qu'elles désarment le peuple, comme Ibrahim l'a fait en Syrie ; qu'elles maintiennent l'ordre et protègent les établissemens des Européens attirés par leur haute in-

---

(1) Peut-être me direz-vous : mais si la Russie veut détrôner le sultan, qui l'en empêchera ? Je réponds, personne ; et j'ajoute même, malgré ce que je dis plus loin du gouverneur et des soldats russes, qu'il me paraît plus facile, pour un Russe que pour un Français et même un Anglais, de gouverner des Musulmans, voisins de l'Europe. Cependant, je regarde comme très important pour la Russie, qui a des sujets musulmans, de ne pas détrôner le chef de l'Islamisme. Peut être plus tard l'enverra-t-elle à Koniah, et plus tard encore à Bagdad, mais pas à présent.

fluence. Voilà leur rôle, aujourd'hui et dans l'avenir ; l'autre forme est du passé.

La politique qui règle les relations des peuples a toujours eu, jusqu'ici, une base théorique. La vieille base, dite traité de Westphalie, a été renversée par l'entrée de la Russie dans la politique européenne ; d'une autre part, la nouvelle vie qu'a prise l'Amérique est encore venue changer cette base ; enfin, aujourd'hui l'Orient joue un rôle qui doit modifier les combinaisons précédentes. Eh bien ! depuis tous ces changemens, tous ces agrandissemens de la carte politique, aucun principe nouveau n'a été posé, comme base de la diplomatie européenne, si ce n'est celui-ci : *Tourner les yeux de la Russie vers l'Orient.*

Qu'on lui tourne donc les yeux vers l'Orient, en feignant de vouloir l'empêcher d'aller dans ces belles contrées ; qu'on l'y pousse, en faisant semblant de la retenir ; qu'on ait l'air d'en être fâché, lorsqu'on en est content ; peut-être ces petites feintes sont-elles encore obligées dans la diplomatie ; aussi serais-je loin de discuter le moyen, c'est le but qu'il me paraît important d'atteindre, et, je le confesse, ceux qui sont attelés au pouvoir sont mieux placés que moi pour le choix des moyens ; par la même raison, je suis mieux placé qu'eux pour voir le but, n'étant pas préoccupé, comme eux, par toutes les tracasseries quotidiennes qui les forcent à revenir toujours aux minutieux détails de la pratique immédiate.

Je serais bien étonné si, d'ici à quelque temps, il ne se passait pas dans ces pays d'Orient des événemens très probables, qu'il est inutile d'indiquer ici, et qui justifieraient pleinement à vos yeux les idées que je viens d'émettre.

Que la France et l'Angleterre soient donc prêtes à saisir les occasions de donner à la partie remuante de leur population un écoulement glorieux et fructueux, c'est tout ce que je désire, parcequ'alors le progrès intérieur pourra s'effectuer plus rapidement et sans secousses ; mettez de côté le moyen que je propose, si vous en avez un meilleur, et si vous n'en avez pas, cherchez-en vite, car le temps presse, non seulement pour la France et l'Angleterre, mais pour tous les peuples, et principalement pour les Turcs et les Arabes.

Dans ma précédente lettre et dans celle-ci, j'ai voulu établir que le gouvernement actuel devait faire ce que seraient obligés de faire eux-mêmes, s'ils arrivaient au pouvoir, les républicains ou les légitimistes. Je trouve une nouvelle preuve de la nécessité de cette règle de conduite politique dans un ordre de faits dont il est fort important de tenir compte, et que nos hommes d'état du jour ne consultent pas assez.

Vous savez qu'il ne faut pas toujours prendre à la lettre les formes que les grands poètes donnent à leurs prophéties, mais il faut écouter avec soin le Dieu qui s'agite dans leur sein. Sans croire aveuglément aux espérances républicaines de Châteaubriand, Lamennais et Ballanche, j'écoute avec recueillement la voix de ces échos de la pensée humaine. Nous savons ce qu'il y a au fond de l'âme de ces trois grands oracles ; ce sont les dieux de notre jeunesse, nous les connaissons par cœur. Or, tous trois ont exprimé, depuis quelques années, une puissante sympathie pour les immenses douleurs du peuple, eux qui avaient réservé jusque là toute la poésie de leur âme pour les grandes infortunes royales et papales, et qui n'avaient chanté que pour le trône et l'autel ! Et maintenant, vrais poètes, c'est leur dernière passion, leur dernier amour qui colore toutes leurs pensées. Ils chantent le peuple, *ils évoquent* la République.

Si j'avance vers les rangs plus jeunes des lévites de l'humanité, si j'écoute Pierre Leroux, Jean Reynaud et même Sainte-Beuve, ce petit résumé des trois grands oracles que j'ai nommés tout à l'heure, sans croire aux formes sociales qu'ils prophétisent, je sens le Dieu qui vit en eux, et je suis certain que l'humanité marche vers une ère de liberté, de vérité, de probité.

Eh bien ! le gouvernement qui a contre lui les voix de Lamartine, de Berryer, de Chateaubriand, de Lamennais, de Ballanche, de Béranger, de Leroux, Reynaud, Sainte-Beuve, Hugo, doit mourir d'une maladie très grave, l'atrophie du cœur.

Or, ce ne sont ni des pensions, ni des places qui vous attachent de tels hommes et qui les font chanter ; il leur faut de grandes œuvres à célébrer et une gloire à acquérir ; et comme aujourd'hui l'immense majorité des poètes, et surtout les plus puissans, sont principalement préoccupés de voir améliorer le sort moral, intellectuel et physique du peuple, c'est dans cette direction que chercherait à marcher un pouvoir qui voudrait se concilier leur amour et leur puissance ; et il ferait ainsi facilement disparaître ce qu'il y a de rêve dans leur poésie, car il leur donnerait la réalité qu'ils désirent.

Cette route me paraît très facile à suivre pour le gouvernement actuel, et, je l'affirme, ce serait certainement celle que suivrait Henri V.

Henri V se proposerait surtout l'amélioration *morale* du peuple ; le gouvernement actuel doit surtout s'occuper de lui donner le *bien-être.*

Les légitimistes seraient forcés d'entrer dans le mouvement d'éducation populaire qu'ils ont tant redouté autrefois. Le juste-milieu, le gouvernement des bourgeois, peut entrer largement dans la voie de l'organisation industrielle, qu'il a déjà préparée par de grands travaux.

Oui, une nouvelle restauration serait forcée aujourd'hui d'exercer le pouvoir en faveur des masses, en faveur du peuple, par deux raisons : la première c'est que les Bourbons ont été chassés par le peuple, je ne sais combien de fois, et que cela finit par être, de la part du peuple, une preuve de force assez positive et respectable ; la seconde, c'est que la foi politique des hommes puissans est tournée aujourd'hui de ce côté.

Par Louis-Philippe donc l'*industrie*, la politique pratique ; par Henri V les *doctrines*, la politique théorique ; n'est-ce pas déjà sous Louis XVIII et Charles X que toutes les doctrines ont fait tant de progrès ? Et ne dites pas que ce progrès s'est accompli *malgré* les Bourbons, car il consiste surtout dans une réaction contre les doctrines du XVIIIe siècle, réaction qui a délivré tous les bons esprits de Voltaire et de Rousseau, *malgré* Touquet et le *Constitutionnel.*

Louis-Philippe a-t-il déjà assez avancé sa tâche *industrielle* en France, pour qu'il soit temps de revenir aux *doctrines ?* je ne le crois pas encore, mais cela approche.

Quand les Bourbons, méconnaissant leur mission, ont voulu tuer l'intelligence dans la presse, on les a mis à la porte. L'élaboration spirituelle faite sous leur règne était suffisante ; leur temps était fini. Que Louis-Philippe prenne garde de vouloir museler l'*industrie*, de porter atteinte aux intérêts *matériels*, de jouer avec le budget comme il vient de jouer avec la presse et le théâtre, de hausser le *cens* électoral comme il a modifié le jury, de faire de trop prompts changemens au tarif des *douanes*, tout en travaillant peu à peu à cette grande œuvre, de se brouiller avec l'Angleterre ou de faire, de concert avec elle, la guerre à la Russie; qu'il presse les examens et les adjudications des grands travaux publics; qu'il économise sur le budget, réellement et non pour escobarder; qu'il diminue les impôts indirects, comme M. de Villèle dégrevait l'impôt foncier; qu'il protége autant les institutions agricoles et pousse autant à leur création, que les Bourbons protégeaient les couvens et poussaient aux congrégations; mais surtout qu'il rêve au *salaire* du peuple, comme la restauration, rêvait à son *instruction* religieuse; enfin puisqu'il prétend *gouverner*, qu'il ne se contente pas, pour cette grande question de vie, le salaire, de *laisser faire* et *laisser passer*, qu'il provoque, par toute l'influence persuasive dont jouit le pouvoir, les tentatives pacifiques que doivent faire eux-mêmes les *maîtres* pour améliorer le sort des *ouvriers*.

Ce n'est pas parce que la restauration a voulu *gouverner* les intelligences et leur enseigner ses doctrines qu'elle est tombée, c'est parce qu'elle a voulu en faire un monopole et être seule à enseigner le peuple. Comme ses doctrines étaient très incomplètes pour l'avenir, les esprits supérieurs se sont emparés seulement de ce qu'elles contenaient de bon; puis, après cette conquête, on l'a chassée. De même si le gouvernement voulait *gouverner* l'industrie en imposant les procédés qu'il jugerait les meilleurs, il y périrait. Mais il ne faut pas en conclure qu'il doive rester passif et *laisser-faire*; il faut que M. Say soit anathématisé par les ministres de Louis-Philippe, comme l'étaient les apôtres de la liberté de conscience, d'enseignement et de doctrines, par les ministres de la restauration, avec cette différence, je le répète, qu'il ne faut pas vouloir le monopole *industriel*, si l'on ne veut pas périr comme ceux qui ont voulu le monopole *intellectuel*.

En d'autres termes, pour passer du régime ancien à celui de l'avenir, pour reconstituer la société, il a fallu sans doute consacrer un certain temps à l'ANARCHIE, mais il faut aujourd'hui mettre de l'ORDRE dans cette anarchie, et c'est la mission de qui prétend *gouverner.*

J'ai prononcé tout à l'heure un bien grand mot, le *salaire,* et je voudrais pouvoir vous en parler aujourd'hui; mais cette lettre est déjà bien longue, et d'ailleurs j'ai besoin, avant d'aborder ce sujet délicat, de traiter quelques autres questions avec vous; ce sera donc pour ma prochaine lettre.

POLITIQUE GÉNÉRALE.

III.

Le Caire, novembre 1835.

MON CHER AMI,

Louis-Philippe et ses ministres, par leur loi sur la presse, ont voulu mettre un terme à l'anarchie publique des doctrines; mais cet acte est purement négatif, car ils n'ont aucune croyance religieuse, politique et morale à enseigner. En outre, comme chacun sait qu'ils n'ont aucune foi sous ce triple rapport, l'acte qu'ils viennent de faire ne les fera pas périr comme Charles X.

Dans l'ordre industriel, on n'a su employer jusqu'ici que la baïonnette pour remédier aux désordres les plus flagrans, produits par l'anarchie affreuse qui y règne. Or, ce moyen n'est pas même négatif, il est destructif, tandis que c'est un moyen positif et productif que doit employer celui qui veut *gouverner* en s'appuyant sur les intérêts. De plus, ce moyen est le même que celui qui était employé par Charles X; à la longue, il pourrait donc attirer sur le gouvernement de Louis-Philippe, la foudre qui a frappé celui de Charles X.

Toutefois, il est juste de reconnaître que la loi des 100 millions de M. Thiers, et l'emploi des troupes aux travaux publics, sont des faits positifs, dans la direction que je désire; je n'en dirai pas autant de l'enquête sur les douanes; on a porté là un esprit d'examen éminemment théorique, une timidité qui est une confession publique d'ignorance ou de peur; enfin, on s'est conduit en économiste, et non en ministre, en homme de livres, non en homme d'Etat, en théoricien, non en praticien. Et néanmoins je n'en fais pas un crime à M. Duchâtel, précisément parce que les douanes sont un *monopole* institué par le gouvernement, et que le monopole, matière éminemment inflammable, brûle même quand on veut s'en dépêtrer.

Pour parer à l'anarchie effrayante qui règne dans la France, considérée comme un vaste atelier *industriel*, le gouvernement a donc déjà senti, j'en suis convaincu, que la force n'était pas suffisante, et qu'il ne fallait pas non plus attendre l'ordre seulement de l'intérêt individuel bien entendu, comme le prétendent les économistes avec leur *laisser-faire* et toutes leurs combinaisons mécaniques; il l'a senti, et quelques-uns de ses actes prouvent, je le répète, qu'il comprend comment son influence doit s'exercer. J'espère donc; mais je crains cependant qu'il n'ait pas toute la hardiesse, toute la persévérance, et même l'habileté qu'il a mise à combattre l'anarchie intellectuelle.

Pour fixer ma pensée par des noms propres, j'appliquerais volontiers les trois mots que je viens de prononcer, hardiesse, persévérance et habileté, à MM. Thiers et Guizot, l'un très hardi, l'autre très persévérant, tous deux très habiles. Eh bien, je crois que si, à ce duo, ne vient pas se joindre un troisième personnage, prenant dans le ministère une importance analogue à celle que ces deux messieurs ont eue jusqu'ici, enfin, si M. Humann, qui me paraît être cet homme, ne sort pas de la semi-obscurité dont il a été couvert, en même temps que M. Persil serait remplacé par un homme aussi énergique que lui et pourtant plus calme, moins excentrique, plus prudent et plus versé que lui dans la connaissance de l'état industriel de notre France, je crois, dis-je, que si le ministre des finances ne reçoit point du roi et des autres ministres des excitations et des encouragemens même, qui lui donnent plus de confiance dans sa force, et si, d'un autre côté, il n'a pas près de lui un légiste qui rêve au code de commerce, comme M. Persil rêve au code pénal, les affaires iront lentement et mal. Que ce soit M. Humann ou M. Duchatel ou tout autre, je n'en sais rien, mais vous comprenez maintenant ma pensée.

Au reste, pour parler plus généralement, je ne conçois pas qu'après une œuvre aussi capitale, aussi radicale que celle qui vient d'être faite par le ministère, il n'y ait pas un remaniement, sinon un renouvellement de ce ministère; une pareille tâche suffit à une vie; Périer est mort après avoir lancé la machine, mais il n'a pu que la lancer; ceux-ci viennent de lui faire franchir lestement un grand fossé qui barrait la route; maintenant ce n'est plus un fossé, mais il y a beaucoup de pierres qui encombrent le chemin; c'est un bras vigoureux et de larges épaules, beaucoup plutôt qu'un pied leste et une main agile qu'il faut avoir.

Je crois cependant M. Thiers indispensable, mais non pas suffisant, pour l'avenir dont je parle ; d'un autre côté, M. Guizot serait indispensable et très suffisant, si Louis-Philippe devait bientôt tomber de faute en faute, pour amener rapidement une troisième restauration, parce que M. Guizot est et a été de tout temps contre-révolutionnaire par principe, *théoriquement*, tandis que M. Thiers l'est devenu par le fait, *pratiquement*, et qu'il faut des praticiens aujourd'hui. M. Guizot a parfaitement calculé et combiné tous les pas qu'il a fallu faire, depuis juillet 1830, pour finir par museler le monstre qui s'était déchaîné contre les Bourbons; comme professeur, comme écrivain, il a été sans contredit un très utile propagateur et provocateur d'*idées*; comme homme d'état, il s'est acquitté fort habilement de la répression et de la suppression des idées; mais c'est toujours en qualité d'homme de la *pensée*, et il s'agit en ce moment d'hommes d'*action*, connaissant l'industrie, capables de comprendre et d'admirer beaucoup plus ce que l'humanité gagne à la machine à vapeur, que ce qu'elle gagne par tous les livres écrits et traduits par M. Guizot.

Maintenant donc, je suppose Louis-Philippe et son ministère ayant la volonté de donner une impulsion large à l'*industrie*, et je me demande quelles œuvres sont à faire, quelle conduite il faut tenir.

D'abord, et avant tout, substituer le plus possible, dans les rouages gouvernementaux, et surtout à la chambre des députés, qui, Dieu merci! doit être moins bavarde après ces lois sur la presse, substituer aux avocats des *ingénieurs*; je dis des ingénieurs, et non des industriels quelconques, non-seulement parce qu'il y a dans les premiers un fond de science qu'il ne faut pas dédaigner, mais aussi parce que ce sont les hommes qui peuvent le mieux se placer au point de vue *gouvernemental*, en fait d'industrie, leur fonction individuelle attirant toujours leur attention de ce côté. Appeler le plus possible aux préfectures des hommes forts en connaissances industrielles, comme on a mis en **1830** de très agréables philosophes et littérateurs à la tête de nos départemens; prendre ces hommes plutôt parmi les *industriels* que parmi les *écrivains* économistes; ajouter à l'éducation publique la connaissance des grands faits industriels et des grands hommes d'industrie, sans pour cela enseigner l'économie politique, parce que cette science n'est encore fondée que sur les bases pourries, posées par la philosophie du XVIIIe siècle; mettre à nos ambassades et *dans* nos ambassades des hommes au courant des relations commerciales des peuples, et préoccupés du désir d'améliorer et d'étendre ces relations; en d'autres termes, faire sentir, non seulement à tous les agens du pouvoir, mais à la société entière, que l'industrie est le grand fait pratique de la politique, et qu'elle est, pour les peuples, ce que l'existence matérielle est pour les individus.

Voilà ce qui concerne l'éducation et la fonction du *personnel*. Maintenant, quels sont les actes à faire? Je ne reviens pas sur le grand fait de politique extérieure, par lequel il s'agirait de trouver en Orient un débouché pour nos *brouillons*, comme on les nomme, et aussi un débouché pour nos produits; mais il est bien entendu que je regarde ce fait comme ce qui importe le plus à la tranquillité publique, à l'ordre et au progrès; parce que, si nous ne prenons pas les devans, bientôt la question d'Orient compromettra l'ordre, le progrès, la tranquillité, en Europe et surtout en France.

J'ai parlé également de la loi des **100** millions, du travail des troupes, de l'activité qu'il fallait mettre aux examens et aux adjudications des grands travaux d'utilité publique; j'ai dit surtout comment j'entendais la colonisation au XIXe siècle; je ne reviens donc pas sur tous ces points, qui ouvrent toutefois une large carrière dans la voie où je voudrais voir marcher la France ; mais j'ai aussi parlé du *salaire*, et c'est ici la question importante et délicate. Que les tristes souvenirs de Lyon nous soient en aide !

Ce n'est pas par la force seule qu'on fait cesser l'anarchie ; ce n'est pas non plus en formant des réunions d'ouvriers, comme les *Mutuellistes* et surtout comme les *Amis du peuple*, qu'on parvient à améliorer le sort des ouvriers.

Despotisme et révolte sont deux vilains mots, et les baïonnettes mènent à l'un comme les clubs à l'autre. Mais lorsqu'on a dans ses mains des fils qui enlacent un peuple comme un réseau, qui le prennent sur tous les points du territoire, et sont liés entre eux avec un art infini ; lorsqu'on a, en un mot, une *administration* puissante ; lorsque, par cette administration, on peut exercer une si grande influence sur une multitude d'individus, répandus dans tous les lieux, et qui sont rattachés au pouvoir par leur propre intérêt et aussi par le sentiment de l'ordre ; lorsqu'on dispose de l'éducation publique par les écoles, et maintenant presque par les journaux et par les théâtres, il ne manque pas de moyens d'obtenir, par la persuasion et sans violence, les sacrifices que doivent s'imposer tous les bons citoyens dans l'intérêt de l'ordre. On obtient bien du garde national son sang pour éteindre la flamme de l'anarchie.

Mais, afin d'avoir le droit de demander, de conseiller, d'exiger, il faut être bien fixé sur ce qu'on doit faire soi-même, pour servir d'exemple ; on sait bien exiger d'un bourgeois, d'un propriétaire, d'un chef d'industrie, le complet sacrifice, celui de la vie, parce que la force est encore la dernière raison des rois ; mais on n'a pas su encore demander à tous les bourgeois, à tous les propriétaires, à tous les chefs d'industrie, un autre sacrifice, pour *prévenir* les désordres qu'ils savent si vigoureusement *réprimer* ; on leur donnera bien l'exemple du courage qui punit les révoltes, mais où est l'exemple du dévouement qui les empêche ?

Quelques académies, je le sais, ont proposé des prix pour l'auteur du meilleur procédé à employer, afin d'améliorer les relations des *maîtres* et des *ouvriers* ; je crois même que l'académie de MM. Guizot, Thiers, Cousin, celle des sciences morales et politiques, a offert un pareil encouragement à cette pensée qui a un si grand avenir. Je ne sais ce que produiront ces concours, mais certainement si l'un des concurrens résout cette question d'une manière satisfaisante, j'entends d'une manière immédiatement *pratique*, MM. Thiers et Guizot feront bien de lui donner au moins une sous-préfecture.

Sans plaisanterie, ce concours me paraît bon, surtout parce qu'il prouve que la question préoccupe les hommes du pouvoir, et je le crois sans peine; aussi, j'en parle avec vous qui connaissez quelques uns de ces messieurs, parce que je sens que vous devez avoir souvent, vous industriel, à causer avec eux sur cette matière.

Aujourd'hui le gouvernement n'a plus peur de voir entonner par les journaux et au théâtre, dans des intentions perturbatrices, la trompette de l'émeute, le chant de guerre du prolétaire. Eh bien, il y a ici pour lui une volte habile à faire; le libéral M. Thiers est bien, aujourd'hui, le ministre d'un roi qui enchaîne la presse; je ne vois pas pourquoi, demain, il ne serait pas l'avocat insinuant et adroit des hommes qu'il a fait mitrailler naguère, et leur avocat auprès de ceux dont il s'est servi pour les mitrailler; il a acquis, ce me semble, un assez bon droit de parler pour eux, sans passer pour leur complice. Ce serait là, selon moi, une bonne et habile préparation à la solution de la question d'amnistie.

Oui, c'est au gouvernement à être, aujourd'hui, auprès des classes riches, éclairées, auprès des hommes de loisir, des bourgeois, l'avocat *insinuant* des classes ouvrières, malheureuses, ignares, des journaliers, des prolétaires; lui seul peut amener sans secousse une amélioration dans leur existence morale, intellectuelle et physique, amélioration que réclame impérieusement le progrès général de l'humanité, et que désirent toutes les âmes généreuses, que désirent même tous les hommes qui sévissent si vigoureusement contre le prolétaire révolté, car ils savent bien qu'avec plus d'aisance et d'instruction, et une éducation morale meilleure, le prolétaire, vraiment anobli, ne se révolterait plus. Aujourd'hui le nombre des hommes qui pensent que le peuple doit être abruti et misérable, comme le fellah arabe, pour que la société soit tranquille, ce nombre est trop petit pour en tenir compte.

Après tout ce que je viens de dire, vous ne me demanderez pas, je pense, de préciser davantage les *actes* à faire; je n'ai rien à ajouter, car ces actes sont (outre ceux que j'ai indiqués précédemment) de tous les instans; c'est la vie entière de chacun des hommes du pouvoir; c'est sa vie chez lui, dans l'intérieur de ses propriétés, comme sur son trône royal, dans son cabinet de ministre, dans son salon de préfecture; en un mot, c'est le sentiment qui l'anime. Sous Napoléon, tous ses bons serviteurs avaient le *sentiment* militaire, même ceux qui n'avaient jamais touché un fusil ou une épée. Si Louis-Philippe, qui règne, veut gouverner, qu'il se hâte donc d'inspirer à son gouvernement le sentiment industriel; qu'il lui inculque son système, sa volonté de roi industriel, et non de roi constitutionnel simplement; c'est le seul moyen de conquérir, à son tour, le cœur de ce brave peuple qui bénit toujours Henri IV pour lui avoir promis, seulement promis, la poule au pot; que Louis-Philippe la lui donne, céla vaudra mieux que les promesses de l'Hôtel-de-Ville.

POLITIQUE GÉNÉRALE.

IV.

Le Caire, juin 1836.

MON CHER AMI,

Le moment ne me paraît pas favorable pour chercher à formuler l'expression d'une opinion publique sur quoi que ce soit. Le ministère, de son côté, n'a pas dans les chambres une majorité assez compacte, fixe, régulière, pour agir nettement. Je crois donc qu'avant de pouvoir sortir de la situation difficile où nous sommes, nous verrons augmenter la lassitude et le dégoût des vieux partis politiques, à tel point que, tout en conservant leurs noms, ils se laisseront aller là où leurs intérêts les attireront; ceci existe déjà. En même temps, le pouvoir, pour se maintenir, suspendra habilement, sur chacun de ces partis, non l'épée de Damoclès, mais l'appât qui flattera leur amour propre, leur vanité, leur égoïsme, sous prétexte de faire tourner au profit de l'ordre tous ces honteux élémens d'anarchie. Voilà pourquoi M. Thiers doit paraître l'homme de la situation.

Heureusement une pareille situation ne pourrait durer longtemps;

elle serait éminemment transitoire, car elle manque absolument de dignité et de loyauté; d'ailleurs, du moment où la société française ou européenne aurait une grande œuvre à faire, il faudrait bien que messieurs du parlement et du ministère changeassent de conduite.

Toujours est-il que si j'avais un conseil à donner en ce moment, je serais disposé à dire : laissez sommeiller, s'engourdir, s'endormir les chambres et la presse; il n'y a pas grand mal; mais réveillez, secouez, excitez l'administration.

Par ces derniers mots, j'entends que la chose importante, aujourd'hui, serait de s'occuper activement du personnel des sous-préfectures, préfectures, conseil d'Etat, divisions des ministères, ambassades, consulats, de telle sorte qu'au moment de l'action, d'une part on ne serait pas gêné par la discussion, de l'autre on serait puissamment aidé pour l'exécution. La tendance devrait être de négliger les deux faces théoriques de la politique; savoir : la presse et les assemblées délibérantes; mais de donner aux faces pratiques, c'est-à-dire au pouvoir exécutif et à l'administration, l'importance dont elles ont besoin pour accomplir de grandes œuvres. Finesse pour la première partie de la tâche, activité, volonté, pour la seconde, voilà les qualités qu'il faut au ministère. Or, M. Thiers me paraît bien posséder ces qualités; mais je confesse que je n'aurais pas pleine confiance dans l'usage qu'il en ferait, si je n'avais pas grand espoir dans l'influence croissante d'un personnage politique qui n'a pas encore pris part aux affaires.

Vous vous rappelez que, dans une de mes lettres, je vous parlais de mon désir de voir auprès du trône un homme pouvant embrasser avec ardeur et pourtant avec calme la noble cause du prolétaire. Alors, je songeais au jeune prince dont la vie se déroule doucement en dehors de la politique, et qui n'a pas pu, qui n'a pas dû prendre encore place d'homme dans les affaires, mais pour qui le moment approche, où, après avoir gagné ses éperons sur le champ de bataille, il voudra faire ses preuves sur une scène plus noble et plus grande, aujourd'hui, que la guerre. Il a respiré de la poudre, tout ce qu'il en faut pour témoigner de sa bravoure, et il l'a respirée heureusement dans deux circonstances qui n'ont pas dû lui donner un goût démesuré pour le métier des armes. Anvers était certes une grande leçon de fortification, d'artillerie, d'attaque et de défense de place, de service de tranchée; mais, en définitive, c'était, comme aux enfans, un trou-madame où l'on tire la bombe sur des soldats de bois, posés sur un fort de carton; à Alger, quelques escarmouches, des têtes coupées, dit-on, par des zouaves de l'estrapade, puis des sables pour fruits de la victoire, une ville brûlée; il n'y a pas là de quoi inspirer grandement le goût des combats. Celui qui aurait vu seulement le coin du tableau que cachait l'éperon de Napoléon, à Austerlitz ou à Wagram, aurait reçu au cœur un coup plus vif de l'aiguillon de la gloire, que le duc d'Orléans n'a pu en être touché dans ses deux campagnes. Savoir supporter de rudes fatigues, connaître le soldat, éprouver le sentiment des dévastations que produit la guerre, acquérir l'élévation que donne à l'homme le spectacle du danger, et l'assurance qu'il prend dans le commandement, exercer son coup-d'œil à deviner des hommes, des braves, et aussi à mesurer rapidement la terre, voici ce qu'il aura gagné de plus positif.

Le voyage qu'il fait en ce moment avec son frère, me paraît devoir lui être beaucoup plus profitable; c'est d'ailleurs le dernier terme que je conçois à son *éducation*, proprement dite; après, sa vie politique devra réellement commencer, et le spectacle des deux grandes monarchies allemandes lui sera très utile, pour rectifier plusieur idées que la connaissance de la France et de l'Angleterre ont dû faire naître en lui, et qui ont besoin du correctif de la raison allemande. Je regrette que son voyage ne s'étende pas jusqu'à Pétersbourg et Moscou, afin de le terminer par Constantinople; alors le prince connaîtrait non seulement l'Europe, mais il aurait touché la grande capitale qui unit l'Europe à l'Orient, et où s'agitent dans ce moment les destinées du monde chrétien et du monde musulman, qui, à eux deux, ne formeront un jour qu'un seul monde.

Je viens de dire que j'avais d'abord songé à ce prince pour embrasser noblement la cause du peuple, et pour enlever ainsi aux brouillons cette admirable clientelle; mais cette tâche est bien grande, pour un tout jeune homme; il lui faudrait avoir de bien robustes épaules pour l'entreprendre à son âge, et pour réussir, quand bien même il serait assuré de l'adhésion de son père. Cependant, ce rôle franc, courageux, simple, n'exige, pour ainsi dire, qu'une seule qualité, parce que celle-là inspire toutes les autres, c'est la sympathie pour les nobles vertus et pour les profondes douleurs du travailleur. Il faut sentir qu'on aime le travailleur comme Turenne aimait le soldat, ou ne pas s'en mêler. Jusqu'ici on a fait ce qu'on a pu pour faire aimer au prince le soldat, et pour le faire aimer du soldat; qu'a-t-on fait pour lui faire aimer le soldat pacifique, l'ouvrier? Qu'a-t-il fait pour s'en faire aimer? C'est pourtant la meilleure et même la seule manière d'en finir avec Henri V.

L'intérêt politique immédiat doit être, je le répète, d'enlever aux *révolutionnaires* ou *contre-révolutionnaires*, cette clientèle *évolutionnaire* qu'ils exploitent, et il n'est pas besoin pour cela de se faire sans-culotte, tribun ou soudoyeur de populace; il ne faut pas même que le prince se fasse chef de fabriques, comme il est chef de troupes; mais il doit étudier les grandes manœuvres de l'industrie, la stratégie de la production, et témoigner son estime pour le travail à l'égal de son estime pour la bravoure, aimer l'atelier comme la caserne, le chantier comme le champ de bataille. Jusqu'ici il a été entouré de militaires instruits et braves; il lui faut de nouveaux hommes dans son entourage. Un jour il n'aura pas auprès de lui seulement un ministre de la guerre, il aura aussi un ministre des finances, un ministre du commerce et des travaux publics, un ministre de la marine; il doit donc déjà en avoir les représentans près de lui. Son éducation et ses preuves comme soldat sont faites; peut-on en dire autant comme administrateur, financier, industriel? il sait détruire; sait-il produire?

Je crains que dans son voyage d'Angleterre il ait beaucoup plus visité les vaisseaux de guerre et les arsenaux de la marine, que les docks et les grandes usines; je crains aussi qu'en Prusse et en Autriche on ne le farcisse encore de parades, de revues, de petites guerres, et qu'il revienne sans avoir vu les mineurs du Hartz, les grandes fabriques de Silésie, les nouveaux travaux de communication qui doivent lier le Rhin, le Danube, la mer Noire et la Méditerranée à la Baltique, je crains qu'il revienne instruit du nombre de *soldats* que peuvent mettre sur pied toutes les puissances allemandes, de l'état des différentes armes, de la force ou de la faiblesse des principales villes de guerre, mais qu'il soit un peu moins fort sur la situation économique, industrielle, productive de tous ces pays. Comment en serait-il autrement? S'il avait été accompagné dans ses voyages par M. Dupin aîné, il aurait très bien vu les tribunaux; première instance, appel, cassation, conseil-d'état même et chambres législatives, rien n'aurait manqué; or, il n'a, je crois, avec lui, que des aides de *camp*, il ne verra bien que des *camps*.

Heureusement aujourd'hui, toute âme jeune, bien plantée, aspire à faire du neuf, et il n'est pas mauvais qu'elle soit rassasiée de bonne heure des vieilles nourritures qui alimentaient autrefois les grandes âmes, ne fût-ce que pour acquérir la conviction qu'il n'y a plus rien de grand à faire en ce moment avec elles, et que c'est ailleurs qu'il faut chercher la vie et la gloire.

Dans son voyage, le prince verra heureusement, en Prusse M. Ancillon, en Autriche M. de Metternich, qui tous deux ne sont pas de fameux guerriers, et qui cependant gouvernent de grandes monarchies. En France, M. Thiers n'est pas un César, je ne sache pas que lord Palmerston soit un Alexandre; la moindre réflexion sur ces quatre hommes peut le mettre sur la voie de son propre avenir, car ils sont à la tête des affaires européennes.

Si le duc d'Orléans comprend ainsi son devoir de prince et de citoyen, je ne serai plus si plein de défiance, en voyant M. Thiers aux affaires; je crains l'humeur batailleuse de ce petit homme d'Etat; peut-être, avant peu de temps, des occasions se présenteront de mettre flamberge au vent et de sonner la trompette; M. Thiers n'y résisterait pas, et peut-être forcerait-il la main au roi qui veut pourtant et qui aime bien la paix, si, d'ici là, on ne donnait pas à la paix, par un grand développement d'améliorations populaires, des racines dans le peuple lui-même; car ses racines ne plongent encore que dans les intérêts de la bourgeoisie, et ne pénètrent pas jusqu'aux profondeurs des besoins populaires.

POLITIQUE GÉNÉRALE.

V.

Curson, mars 1837.

MON CHER AMI,

Je conçois fort bien maintenant que Fonfrède ait désiré vous voir, au moment où il allait se lancer tête baissée dans la voie où il s'engage. Pour lui, personnellement, je suis fâché qu'il n'ait pas pu vous entendre, parce que le voilà attaché à une bombe qui crèvera peut-être plutôt qu'il ne le prévoit, et qui pourrait bien le mettre en pièces. Pour les affaires en général, je suis bien aise que son *courage* l'ait porté à arracher le masque de certains hommes, et à les forcer de se donner enfin pour ce qu'ils sont. La petite correspondance que ce chaud bordelais a entamée avec la *Gazette de France* est une bonne guerre pour l'enseignement du public, et le *Journal des Débats* profitera, comme un gros malin qu'il est, de ce qu'il y aura de bon à prendre dans cette polémique entre les deux organes qui défendent le plus chaudement le principe d'autorité; car il est bien facile de voir où pèchent les deux adversaires.

Pour qu'une autorité puisse aujourd'hui s'établir, il faut, avant tout qu'elle soit *compétente*, et non qu'elle soit de *droit divin*. Le problème politique est donc aujourd'hui, comme toujours, celui-ci : Qu'est-ce que veut la société actuelle, qu'est-elle? Or, qu'on s'en félicite ou qu'on s'en lamente, la société est actuellement *industrielle*, comme elle était *militaire* sous l'empire. L'autorité ne sera donc vraiment assise que lorsqu'elle manifestera sa compétence *industrielle* et non sa compétence *juste-milieu*; car ce mot est aussi vague que l'autre est précis, et le pouvoir ne doit jamais être vague ni représenter une opinion vague.

Ces épithètes de républicain, légitimiste, juste-milieu, sont de malheureuses expressions de la politique théorique ancienne, qui voilent tout, trompent les plus fins, et n'engendrent que de véritables logomachies. Que veut un républicain? que demande-t-il aux hommes qui gouvernent la République? Souvent ce que veulent et demandent les sujets d'un roi légitime, ou les citoyens d'une monarchie parlementaire; tantôt il faut que les chefs légitimes, quasi-légitimes ou populaires soient militaires, tantôt ils doivent être pacifiques, tantôt dévots, tantôt philosophes; aujourd'hui il faut à la société française une direction *industrielle*; il la faudrait également avec Henri V, également avec la République.

Sans doute la question de *forme* est très importante, mais elle n'a de valeur que si l'on examine en même temps la question de *fond*, parce qu'alors on peut chercher à mettre d'accord l'une avec l'autre, et qu'il n'y a de gouvernement vraiment légitime, vraiment pondéré, vraiment populaire, que celui dont la *forme* est en harmonie avec le *fond*, c'est-à-dire celui qui veut ce que veulent les gouvernés.

Or, notre siècle est pacifique et industriel; que doivent donc savoir et faire ses gouvernans? De quelles idées et de quels actes doivent-ils surtout s'occuper? De quels hommes doivent-ils s'entourer? Il me semble que la réponse est facile.

Par exemple, si Louis-Philippe veut régner, il faut, comme je vous l'écrivais du Caire, qu'il enlève aux partis la clientelle qu'ils exploitent, l'ouvrier; pour cela, il n'a qu'à agir en roi des ouvriers, comme Napoléon agissait en roi des soldats.

Vous savez tout ce que nous avons déjà dit et écrit ensemble sur ce thème, je crois que votre entrevue, désirée par Fonfrède, lui aurait évité de se laisser pousser, comme il l'est déjà, comme il le sera encore davantage, à mesure qu'il avancera, par cette apostrophe si terrible pour les avocats : *au fait!*

Sur le terrain où il s'est placé, qui est celui de la politique, comme on dit, mais qui n'est pas celui de la *société*, il n'a rien de bon à résoudre à cette provocation : au fait! car il n'y a, pour ainsi dire, rien à faire législativement, mais beaucoup administrativement, c'est-à-dire gouvernementalement, dans toute l'acception *pratique* de ce mot.

Une foule de journaux bien intentionnés expliquent les attentats contre la vie du roi, par l'absence de principes religieux, et par le discrédit où les doctrines révolutionnaires ont fait tomber l'autorité. Mais on n'improvise pas plus un Dieu qu'une autorité; et cette difficulté d'instituer une foi et un pouvoir, au milieu d'une société sans foi et anarchique, explique la puérilité et même l'imprudence de cette simple observation, faite par les plus forts politiques, sur l'absence actuelle du sentiment religieux et de celui de l'ordre. Fonfrède, au moins, prétend qu'il y a des moyens d'instituer le pouvoir (je lui crois peu de disposition à s'occuper de l'autre veuvage social, Dieu); mais, je le répète, pour établir et consolider un pouvoir, il faut, avant tout, savoir dans quel esprit il doit gouverner, et Fonfrède ne me paraît pas, sous ce rapport, plus avancé que tous les autres; seulement il est forcé, sous peine de se laisser acculer par les *Débats*, d'une part, et la *Gazette*, de l'autre, d'arriver plus vite que les autres à quelque moyen neuf de gouvernement; c'est déjà beaucoup.

POLITIQUE GÉNÉRALE.

VI.

Alger, février 1840.

MON CHER AMI,

Les discussions sur la question d'Orient m'intéressent vivement, à plus d'un titre; parlons en. Le gouvernement s'est d'abord tiré assez habilement des premières difficultés, vis-à-vis de la Chambre; je voudrais bien qu'il eut autant d'habileté vis-à-vis des puissances étrangères, et j'en doute. M. Thiers, en caressant l'Angleterre, a porté cependant à notre alliance avec elle un coup aussi violent que celui dont elle était frappée par les événemens eux-mêmes. S'il n'a pas favorisé, par réaction, une alliance de la France avec la Russie, alliance peut-être impossible aujourd'hui, il a donné sans contredit à l'Autriche les motifs d'un rapprochement sincère avec la France, afin que ces deux puissances, qui, dans la question d'Orient, n'obéissent pas à un sentiment égoïste, puissent résister aux prétentions monopolisantes de l'Angleterre et de la Russie.

Or, l'Angleterre n'est véritablement notre alliée que dans les circonstances où elle a besoin de nous ; elle peut nous laisser croire à son alliance, quand nous n'avons pas besoin d'elle ; elle se déclarerait notre ennemie, si nous étions dans l'obligation de lui demander un service. Je me réjouirais donc qu'une aussi grave circonstance donnât un intérêt commun à la France et à l'Autriche, intérêt noble et tout à fait digne de l'une et de l'autre puissances, intérêt de pacification, de conservation, et en même temps de progrès pour tous, pour l'Orient comme pour l'Occident. Cependant, quoiqu'il soit impossible de se dissimuler les conditions toutes physiques et géographiques qui assurent une influence commerciale prédominante à l'Angleterre sur l'Egypte, et une influence militaire et politique, également prédominante, à la Russie sur Constantinople, il sera bien difficile à la France et à l'Autriche, tout en s'opposant très légitimement aux efforts monopolisans de l'Angleterre et de la Russie, de reconnaître, au moins en fait, cette prédominance inévitable du commerce anglais et de la politique russe, sur l'Egypte et sur la Turquie. Dans la crainte que Londres et Pétersbourg ne deviennent tout, peut-être tentera-t-on de les empêcher d'être quelque chose, ou du moins essaiera-t-on de faire qu'ils ne soient pas plus que nous; et pourtant l'un sera toujours plus que nous, commercialement, en Egypte ; l'autre sera plus que nous, militairement, en Turquie.

Il faut avouer que le gouvernement parlementaire, surtout le nôtre, n'est pas favorable à des négociations qui doivent se résoudre par des transactions conformes aux véritables données de la nature ; les nations, pas plus que les individus, n'aiment à voir signaler hautement, en regard de leurs qualités, leurs défauts, ni même, en face de leurs droits, leurs devoirs. Quoique ce soit une incontestable vérité, il nous est pénible de confesser ou d'entendre dire que notre influence commerciale et militaire, en Orient, est et doit être nécessairement, naturellement, inférieure à celle de l'Angleterre et de la Russie. Il est également certain, mais tout aussi pénible à reconnaître hautement par la Russie et l'Angleterre, que nous avons sur les peuples orientaux une influence bien autrement puissante et durable que celle du commerce et du canon, l'influence morale et intellectuelle. C'est notre langue que l'Orient apprend, et non l'anglais ou le russe ; ce sont nos sciences qu'il étudie dans nos livres ; c'est notre caractère qu'on aime le mieux à Péra, à Smyrne, à Alexandrie ; en un mot, nous nous sommes emparés des esprits et des cœurs, notre lot n'est donc pas le plus mauvais.

Malheureusement, cette conquête ne s'apprécie pas facilement en écus et ne se compte pas comme des pièces de canons ; nos avocats crieront donc que nous nous humilions devant l'étranger, que nous nous sommes vendus à lui, si, en nous ménageant la part qui nous est réellement due, l'influence sur les *esprits*, nous abandonnons, à ceux auxquels elle revient, leur large part d'influence sur les *choses* ; ils prétendront que la France est abaissée, amoindrie, avilie, quand bien même nous nous réserverions, avec l'Autriche, une sorte de contrôle sur la part des deux autres puissances, et une part aussi dans les affaires commerciales et politiques de l'Orient.

La France a dépensé cette année dix millions pour cette question, la Russie au moins autant, l'Autriche un peu moins peut-être, et la Turquie et l'Egypte davantage. Voilà donc 50 à 60 millions consacrés, en un an, à discuter si tous les navires seront libres d'entrer dans la mer Noire, si tous les peuples pourront aller aux Indes par Suez, et si le pachalick d'Egypte sera héréditaire ! Or, je crois qu'avec cette somme on ferait le canal de Suez, et l'on achèterait à Ibrahim-Pacha son droit d'héritage.

C'eut été un bon marché à proposer à toutes les puissances, l'année dernière ; il est encore temps, car 1840 s'annonce comme devant coûter bien cher. Combien de millions, grand Dieu ! seront engloutis inutilement, si les puissances, ne parvenant pas à s'entendre, compromettent la paix et font les préparatifs, seulement les préparatifs d'une guerre européenne.

J'ai peur qu'il n'en soit ainsi. M. Guizot va partir pour Londres ; vous savez que M. Guizot n'est pas liant, puisqu'il est éclectique ; M. Thiers a fait sa cour à l'Angleterre, mais c'est M. Guizot qui y va. Je crois donc que, pour le moment, l'alliance anglo-française est menacée de n'être plus qu'un replâtrage mal joint, un rapprochement par les bords, une mauvaise couture en fil blanc.

M. Thiers a dit que les torys feraient ce que les wigs veulent mais ne peuvent pas faire, à cause de leur parenté avec les radicaux d'O-Connel ; d'un autre côté, Peel et Wellington viennent de faire éprouver un double échec à lord Palmerston qui sommeille. Il s'agit donc d'un mouvement de bascule en Angleterre, et, sous ce rapport, je comprends que M. Guizot y aille, c'est un maître à ce jeu.

L'ambassade de M. Guizot, en ce moment, est encore l'indice certain d'une considération politique importante, à savoir, qu'à Londres la politique européenne sera *théorique* et *pratique* ailleurs.

C'est Vienne, j'en suis plus convaincu que jamais, et non pas Londres ou Pétersbourg, ou même Paris, qui doit être le point de mire des diplomates à vue longue et à main pratique, et je regrette bien que Lamartine ait cru devoir s'enfermer, comme il l'a fait, dans la tribune. A une époque où l'illustration littéraire est presque un accompagnement obligé de l'illustration politique, il aurait été plus que le pendant de M. Guizot, si, depuis quelques années, il avait dirigé ses yeux sur l'ambassade de Vienne, où depuis longtemps je vous ait dit que se dénouerait la grande question d'Orient.

Aujourd'hui Lamartine s'est tant fait l'orateur d'une idée, d'un système sur l'Orient, qu'il s'est presque fermé cette voie pour entrer dans la politique agissante; c'est grand dommage, et j'espère qu'il sentira bientôt la nécessité de sortir de ce grugeoir à épices parlementaires qui s'appelle la tribune, pour prendre rang dans la vraie armée politique. La presse et la tribune, c'est l'artillerie et le génie, ce sont des armes spéciales, dans lesquelles les généraux les plus illustres ne commandent pourtant jamais des armées, sauf le maréchal Vallée; aussi voit-on toujours sous son chapeau de maréchal le bout d'oreille de l'artilleur, comme à la main de M. Guizot la férule du maître d'école, et sur l'oreille de M. Thiers la plume du journaliste. Ce n'est pas là que se forment de véritables hommes d'état, qui doivent être, avant tout, des hommes d'affaires, ayant pratiqué les affaires, comme Taleyrand et Metternich, ou comme Villèle et Périer.

Je ne sais qui est à Vienne en ce moment, mais c'est un beau poste. L'Autriche est, de toutes les nations européennes, la mieux assise, celle qui a le moins d'embarras intérieurs, quoiqu'elle en ait beaucoup, celle qui a le rôle le plus médiateur dans la question d'Orient; elle et nous, nous occupons ou dominons toutes les côtes de la Méditerranée qui regardent l'Afrique, la Syrie et l'Asie mineure; malgré Gibraltar, Malte et Corfou, malgré la flotte russe de la mer Noire, nous serons toujours, en définitive, elle et nous, les arbitres des affaires d'Egypte et de Turquie; elle encore plus que nous, parce que sa position est plus centrale, et que cependant elle paraît moins directement intéressée.

Je vous disais donc que M. Guizot allait être un poids de plus dans la balance des basculeurs politiques, et si, comme quelques-uns en parlent, M. de Broglie faisait rentrer le maréchal Soult à la guerre, ce serait bien pis; nous irions presque jusqu'à la guerre avec l'Angleterre, et Wellington et Soult dégaineraient leurs vieilles rapières, mais sans frapper. Les Anglais auront en effet peine à se tirer de leurs difficultés intérieures, si le gouvernement ne leur fait pas jeter leur bile au dehors; c'est une prise de calomel qu'il leur faut en ce moment, ce qui se traduira en langage administratif par un accroissement de leur armée de terre, pour faire meilleure police. Wellington ne pense pas, comme M. Maccaulay, que l'*agitation* soit une fort bonne chose, et sur cela il est d'accord avec M. Guizot. En un mot, la soupape de sûreté a besoin de s'ouvrir, en ce moment, dans la machine anglaise, sous peine d'éclat très violent qui ferait sauter en l'air, et par dessus le détroit, O'Connel lui-même et M. Maccaulay, dont le dernier discours me paraît un coup de grâce porté à lord Palmerston pendant son sommeil.

Quant à nous, nous traînerons assez tranquillement notre année, grâce à Alger qui nous occupera agréablement à nous faire tuer quelques milliers d'hommes et à manger nos millions, et grâce aussi aux mille petites phases que présentera encore l'affaire d'Orient; mais gare à l'année prochaine, où la patience publique sera lassée, et où elle voudra avoir une solution définitive sur Alger et sur l'Orient.

C'est toujours ainsi, vous le savez, que les choses se passent chez nous : assez longue patience, puis explosion. Quand la France a dit à Napoléon : expliquez-vous, que voulez-vous? et qu'il a répondu : ton dernier enfant et ton dernier écu, Napoléon a été vaincu; quand le comte d'Artois, en 1815, faisait dire de lui, par son frère Louis XVIII : « D'Artois veut aller trop vite, » on les a mis tous à la porte; quand Charles X a enfin dit son mot sur la presse, les garçons imprimeurs l'ont envoyé promener. Enfin, quand on demandera positivement, l'année prochaine : que voulez-vous faire d'Alger ? quand finissez-vous l'affaire de Constantinople ? il faudra répondre net. J'espère qu'on sera en mesure, car il n'est pas possible d'engourdir plus longtemps la France sous la nullité des discours de la couronne ; le temps des atermoiemens est fini.

Est-ce le commencement du règne du duc d'Orléans que je présage ici ? c'est possible. Mieux vaudrait, l'année prochaine, une pensée médiocre, un système de second ordre, et je crois que le duc d'Orléans peut mieux que cela, que l'éclectisme politique qui est toujours entre deux selles. Il a été fort utile et fort habile, mais il a fait son temps, et M. Guizot l'emporte avec lui hors de France ; bon voyage !

POLITIQUE GÉNÉRALE.

VII

Alger, mars 1840.

MON CHER AMI,

M. Thiers arrive-t-il enfin ? irons-nous jusque-là? C'est bien probable. Plus que jamais, alors, vos amis doivent se rapprocher, et se rattacher à l'homme qui pourra faire une véritable et utile *opposition*. Si je voulais faire un calembourg, je dirais que la révolution a commencé par le tiers et qu'elle doit finir avec le Thiers ; on ne pouvait ni commencer plus bas, ni finir en allant plus loin. M. Thiers aura la majorité, peut-être une assez imposante majorité, mais l'avenir et la force seront dans une petite fraction de la minorité, fraction qui grossira vite et qui sera d'autant plus forte, qu'elle ne sera ni au service du *Journal des Débats*, ni au service du roi, ni au service de la république ou d'Henri V, c'est dire qu'elle n'existe pas encore ni dans la chambre, ni dans la presse.

M. Thiers aura beau faire de la fanfare patriotique, il ne deviendra jamais *populaire*. Le duc d'Orléans le serait, s'il voulait s'en donner la peine, et s'il ne craignait pas, en faisant ce qu'il faut pour cela, d'affliger ou d'effrayer son père. Il est même déjà un peu tard, parce qu'on attribuerait ses efforts dans cette direction à la crainte, et non à un sentiment véritablement populaire. Le prince devait s'opposer hautement à la loi Nemours, il ne l'a pas fait; là était sa ligne de devoir filial, comme de devoir et même d'habilité politiques; désapprouver son père, c'était lui faire un rempart solide de sa propre personne. Rompre avec le parti de la cour, et pourtant ne pouvoir être pris pour un républicain ou pour un carliste, n'est-ce donc pas une bonne manière, pour qui veut être un jour roi, d'appeler à lui tout ce qui sent l'avenir, tout ce qui, cherchant vainement sa place dans le présent, y porte le trouble?

De même, si le roi consent à subir M. Thiers, que le duc d'Orléans respectueusement s'éloigne; son isolement le mettra bientôt plus en vue, et lui fera plus d'amis, que toutes les grâces dont il dispose aujourd'hui. En effet, subir M. Thiers, c'est pour la royauté un mal aussi grand que la loi Nemours. Louis-Philippe s'est honoré du nom de roi-citoyen; cette double nature le fait agir et penser en roi pour sa famille, en même temps qu'il doit agir et penser en citoyen pour son pays. Sollicité par ces deux devoirs, le roi peut difficilement éviter des fautes auxquelles le prince doit s'abstenir de prendre part, et qu'il devrait avoir le courage de déplorer hautement.

Songez que les progrès de ce qu'on nomme la réforme électorale signalent combien d'hommes, pour un motif ou pour un autre, sont dégoûtés de la forme de gouvernement dont nous avons le bonheur de jouir.

Le temps presse, l'héritage du prince se grossit chaque jour d'immenses questions qu'il ne faut pas laisser encombrer de difficultés nouvelles; Alger, l'Orient, en voilà bien assez pour de fortes épaules; le prince y succomberait, si l'on ne met pas un terme à l'anarchie politique qui nous ronge à l'intérieur, en donnant satisfaction légitime aux besoins réels qui l'ont fait naître et qui l'alimentent.

Puisque je viens de parler de la loi Nemours, terminons cette lettre par une autre question de famille.

La famille d'Orléans est certainement dans une excellente position pour aider puissamment la transition politique de la famille féodale du passé, copiée si servilement par Napoléon, à la famille industrielle de l'avenir. Quoique les trois princes ou princesses qui se sont mariés aient suivi sur ce point la mode antique, déjà ils ont fait un double accroc au mariage catholique, et ont consacré ainsi la tolérance religieuse, dogme si admirablement transitoire de notre époque. Mais ils ont conservé dans ces unions les traditions politiques de leurs ancêtres; ils se sont soumis aux préjugés des castes princières, préjugés autrefois très favorables, aujourd'hui plus dangereux qu'utiles à l'union des peuples. Dans ces trois mariages, deux sont tout au plus insignifians; un seul, celui du roi des Belges, est de quelque importance, encore est-ce une question de savoir si cette union sera profitable, en définitive, à la France et à la Belgique.

Est-ce qu'il ne serait pas temps, pour cette famille, dont presque tous les membres sont animés d'un sincère désir de noble et bonne popularité, est-ce qu'il ne serait pas temps, dis-je, de tenter, en fait de mariage, quelque chose d'analogue à l'entrée des princes au collége, quelque chose de populaire, politiquement et moralement, quelque chose qui sorte évidemment du cœur et qui ne soit ni conventionnel, ni diplomatique? Il me semble que ce serait encore là un bon et noble moyen d'en finir avec le duc de Bordeaux et même avec les républicains, car alors la monarchie de 1830 ressemblerait beaucoup à la meilleure des républiques.

POLITIQUE GÉNÉRALE

VIII.

Alger, février 1840.

MON CHER AMI,

Le billet que vous a écrit Lamartine n'est pas bon et n'est pas juste. Ce n'est pas du tout parce qu'il n'a point de place à donner qu'on repousse ses idées, mais c'est parce qu'on repousse ses idées qu'il n'a pas de place à donner et qu'il n'en a pas pour lui-même. L'erreur tient à ce qu'il s'imagine qu'être député c'est avoir une place, et que c'est sa place ; ce n'est une place pour personne ; c'est tout au plus un lieu pour plusieurs, mais ce n'est surtout pas la place de Lamartine. Pour lui, c'est tout au plus un corridor ou un escalier, et les grands hommes ne se tiennent pas là. Autrefois il y avait l'œil de bœuf, aujourd'hui il y a la chambre ou antichambre. On va y faire sa cour au pouvoir ; fort bien ! mais c'est pour le prendre et non pour le regarder passer. Racine, Corneille ou Molière allaient, il est vrai, le voir passer et ne songeaient pas à le prendre ; mal est arrivé à l'un d'eux, pour lui avoir dit autre chose que poésie ;

mais aujourd'hui c'est être trop modeste que de se réduire au rôle de tapissier du *Roi-parlement*, ou d'historiographe de la France constitutionnelle.

Je vous l'ai déjà dit, Lamartine orne, décore, illustre la chambre; sans lui il n'y aurait, dans ce grand parloir, pas ombre d'art, de poésie, d'idéal; mais ce n'est pas cela que Lamartine a voulu en entrant à la chambre; il n'a pas voulu en être le décorateur et le rapsode. Il a fait deux parts de sa vie, et il a prétendu laisser chez *lui* sa poésie et apporter chez *eux* sa politique; or, c'est précisément parce qu'il a voulu se couper en deux, ce qui est impossible, que sa position n'est pas nette, et qu'il n'est plus poète chez lui, ni politique chez eux. La vie de Lamartine est et doit être celle du politique-poète; cela ne fait qu'un nom, qu'une vie, qu'un homme; tous les grands hommes sont ainsi revêtus de ce double caractère, chez eux comme sur la place publique. Faire *Jocelyn* d'une part, et de l'autre remuer les destinées du grand monde, à propos de l'Orient, c'est se condamner à faire de la politique dans *Jocelyn* et de la poésie à la chambre. Une seule et même œuvre doit s'emparer de tout l'homme, car c'est un seul Dieu qui le meut; le Polythéisme ne va pas aux grandes âmes, elles ne supportent que le culte de l'Universel, ou celui du plus idolâtre fétichisme.

Tenez, jamais vers ne m'ont fait pleurer autant que cette sublime plainte du père désolé, en Syrie. Et pourtant j'ai fermé violemment le *livre*, il m'a fait mal. J'aurais voulu que, pour un siècle, il fût scellé; que ce fût un testament du père, cacheté, enveloppé, avec ordre de n'ouvrir que sur sa cendre froide.

Le *livre!* le *livre!!* ô poëtes, combien vous êtes malheureux qu'il ne faille pas des siècles pour graver sur le marbre et l'airain vos passions, vos amours, votre vie! les hommes ne peuvent-ils pas attendre un peu ces grands élans de votre âme? et vous, qui vous presse donc d'introduire la foule dans le mystère de votre vie? Eh bien! la politique de Lamartine, ses plus nobles, ses plus grandes idées, les formes si élevées qu'il donne souvent à sa pensée, sa belle tête que je vois d'ici, son organe que j'entends, sa pose que j'admire, tout cela me fait mal à la chambre, comme son admirable douleur m'a fait mal dans un livre. Presse et tribune, double voix du siècle, toules deux incapables de prononcer le nom de Dieu, vous êtes toutes deux condamnées à une mort et à une transfiguration prochaines ; soyez les marchepieds du génie et qu'il vous foule de sa parole, vous êtes condamnées !

Parlons plus froidement ; la réforme électorale (c'est encore un peu chaud), marche rapidement; dans les formes et les limites qu'on lui donne, elle est passablement ridicule ; mais enfin, tout le monde, sauf Dupin qui ne dit, comme à l'ordinaire, ni oui, ni non, tout le monde convient *qu'il y a quelque chose à faire.* Ceci est un grand mot, dont je rends grâce au ministre de tous les innombrables cultes. La marmite représentative, comme disait Paul-Louis, n'est donc pas très loin d'être renversée, et, comme disait un autre vigneron de nos amis, l'omelette va se retourner. Nous ne sommes en France ni des réformateurs ni des réformés ; nous aimons les habits neufs, et au moindre trou nous ne voulons pas recoudre ; la réforme électorale me paraît donc synonyme de mise au rebut du système parlementaire; c'est l'héritage que Louis-Philippe laissera à son successeur, quel qu'il soit, comme les parlemens ont été l'héritage de Louis XVI; seulement Louis XVI, quoiqu'averti, dit-on, par Louis XV lui-même, n'était pas préparé. Le duc d'Orléans pourrait être préparé ; là est pour moi le nœud de la politique française, et, par contre coup inévitable, de la politique du monde.

Ne prenez pas cela pour une prophétie révolutionnaire ; dans ma pensée, dans mon espoir, elle est Evolutionnaire.

Tous les hommes qui pressentent les destinées humaines doivent avoir les yeux fixés, soit sur les obstacles les plus grands, soit sur les aides les plus utiles, or, dans les momens décisifs, ces obstacles ou ces aides se rencontrent très près de la scène. Sans doute Napoléon était loin du trône impérial, quand Louis XVI était sur l'échafaud, mais il en était près au 18 brumaire; sous l'empire, Louis-Philippe était loin de songer à modifier par le juste milieu le gouvernement de la branche aînée, mais il en était près en 1830 ; déjà en 1820, et même en 1815, il était en vue. Aujourd'hui le duc d'Orléans, ou Henri V, ou bien la République, il faut choisir, le temps presse. Avec Henri V ou la République, révolution certaine ;

avec le duc d'Orléans, évolution possible, et je m'explique sur ces deux mots.

Le principal effet d'une révolution républicaine, serait de détruire; la révolution carliste en aurait deux, détruire et essayer encore du vieux; l'évolution à faire consiste bien à détruire une quantité de vieilleries, à commencer par plusieurs fictions constitutionnelles, et une quantité de rouéries parlementaires, mais pour faire du neuf ou du moins en montrer le DÉSIR. Je défie de citer, parmi les hommes en vue, un seul qui s'annonce comme plus *désireux* que le duc d'Orléans, d'adopter des idées neuves en politique et cela précisément parce que sa position le met en dehors, à peu près, de ce qu'on nomme la politique, et aussi haut que possible au-dessus d'elle, de manière à lui faire sentir tous les vices de cette politique. Je n'ai jamais entendu parler des affinités de M. Thiers, de M. Guizot, ni de M. Molé lui-même, avec le duc d'Orléans; c'est une preuve pour moi que tous ces hommes n'ont pas la vie plus longue que Louis-Philippe. Le premier homme politique qui sera signalé comme l'homme du duc d'Orléans, pour cette initiative d'ameliorations populaires, me paraîtra s'être assuré l'avenir, tandis que celui qui passera son temps à respirer l'encens frelaté des journaux, à rechercher les triomphes vaniteux de la tribune, sera, à mes yeux, un véritable voltigeur du passé.

Je sais bien que le bon peuple dirait, si je lui lançais toutes ces rêveries à la face: « mais vous ne parlez que de quelques hommes, que d'un homme; vous faites rouler toute l'humanité sur un seul homme; moi, peuple, ne suis-je donc rien? » Bon peuple, répondrais-je, quand vous avez été maître, vous n'avez jamais su encore ce que vous deviez faire de votre multiple souveraineté. Par exemple, quand vous avez conquis votre sanglante royauté, en 93, comme vous ne saviez qu'en faire, vous vous êtes bien vite laissé engourdir par un directoire Robert-Macaire, et, bientôt après, une bonne épée a brisé votre couronne et vous a rondement détrôné. En 1830, vous avez voulu recommencer, mais vous étiez encore ignorant de ce qu'il fallait faire; aussi, passez-moi le mot, on vous a *floué* lestement. Si vous recommenciez aujourd'hui à jouer au roi détrôné, prenez-y-garde, votre couronne conquise vous serait encore escamotée. Pourquoi? D'abord, parce que vous ne savez pas encore ce que vous feriez de la royauté, si vous la preniez; ensuite parce que vous ne suivez, comme chefs de file, dans vos révolutions, que des hommes très savans dans l'art de la destruction, très ignorans quand il faudrait construire. C'est par cette raison qu'il me paraît fort important pour vous, d'examiner d'avance ce que vous feriez si votre cause triomphait, et de vous habituer à chercher l'homme ou les hommes qui pourront le mieux consolider votre triomphe, le rendre permanent, et empêcher qu'il ne soit encore une fois escamoté.

Or, que voulez-vous, cher peuple? que votre atelier soit bien organisé? cherchez donc quels sont les hommes qui peuvent le mieux vous aider, vîte et bien, à cette organisation; quant à moi, je crois que le duc d'Orléans est un de ces hommes, et il me semble mieux placé que bien d'autres pour travailler, dès à présent, à préparer cette organisation; voilà pourquoi je m'intéresse beaucoup à lui, voilà aussi pourquoi j'aime beaucoup Lamartine: j'espère en eux pour sauver la France, en améliorant le sort du peuple, en l'aidant à organiser son atelier.

Passons à un autre sujet :

Nous touchons à une crise qui établira entre les ministres futurs et les ministres actuels une différence plus grande mille fois que celle qui existe entre les ministres actuels, et ceux de la Restauration. Les ministres actuels, qui sont peu de chose, sont aux ministres futurs, qui seront beaucoup, ce que ceux de l'Empire, qui n'étaient presque rien, étaient à ceux de la Restauration, qui étaient quelque chose. Sous l'Empire, les hommes forts étaient maréchaux, militaires; pendant la Restauration, les hommes forts étaient jésuites ou journalistes; aujourd'hui, les hommes vraiment forts sont je ne sais quoi et je ne sais où, ils sont inconnus; et demain, ceux qui passent pour forts aujourd'hui ne seront rien du tout. Les ministres futurs auront pour première tâche d'employer des hommes vraiment forts, et non des bavards, des Robert-Macaire.

Ces diverses propositions ne vous paraîtront peut-être pas très claires, je vais tâcher d'y porter la lumière.

Tous nos ministres se croiraient bien heureux s'ils pouvaient museler la presse et renverser la tribune; mais, pour pareille œuvre, il faut autre chose que des baïonnettes, Charles X l'a prouvé; il faut autre chose que des armes de destruction, Napoléon n'en manquait pas et il n'a pu faire taire ni M. Lainé ni Mme de Staël; il faut avoir dans sa besace de quoi lier les cœurs, les têtes et les bras, c'est-à-dire une passion, un but, une œuvre, voulus de Dieu, appelés par les hommes; il faut que toutes les institutions sociales, et par conséquent tous les instituteurs sociaux ou ministres, aient un but direct, immédiat, l'amélioration de la condition morale, physique et intellectuelle de la classe la plus nombreuse et la plus pauvre, parce que c'est le seul moyen de donner à la classe la moins nombreuse et la moins pauvre, la sécurité et le bien-être dont elle est si avide.

Ah! si les ministres actuels avaient un pareil but, si leurs actes portaient l'empreinte de cet irrésistible besoin d'améliorer le sort du peuple, alors ils ne redouteraient ni la presse ni la tribune, ni les écrivains ni les parleurs; soyez en sûr, ils aimeraient au contraire à les lire, à les entendre, car ceux-ci deviendraient leur appui, et chanteraient le mérite et la gloire de ces hommes d'Etat qui auraient ainsi assuré la prospérité de toutes les classes, la prospérité du bourgeois comme celle du travailleur.

POLITIQUE GÉNÉRALE.

IX.

Constantine, mai 1840.

Mon cher ami,

D'après ce que vous me dites, il paraît que je me suis mal exprimé ou que vous m'avez mal compris, quand je vous ai parlé de la position de Lamartine. Il ne s'agit pas d'abandonner le champ de bataille (fort bien nommé ainsi), et les soldats dont il commence à gagner la confiance; il ne s'agit pas surtout de les quitter en dégoûté et, pour ainsi dire, en peureux; je ne conseillerais cela à personne, sauf peut-être à un Talleyrand, s'il fallait des Talleyrand aujourd'hui; mais je n'ai certainement pas eu cette idée pour Lamartine. Voici, sous une nouvelle forme, ce que je voulais dire :

Liberté, ordre public, devise du temps actuel, est une bien belle formule; mais comme personne n'est d'accord sur la valeur de ces mots, et que les partisans de l'un font peur à ceux de l'autre, il en résulte que les hommes, dits de la liberté, quand ils sont au pouvoir, sont obligés de faire ce qu'on nomme encore de l'ordre, et qu'au contraire ceux de l'ordre sont les seuls qui peuvent faire de la liberté. Voyez l'Angleterre depuis un siècle, et la France maintenant.

Par conséquent, les 221 ont un avenir auquel ils ne s'attendent pas, mais que leurs chefs de file doivent prévoir, préparer et hâter. Ce sont eux, c'est-à-dire ce sont des hommes animés de l'esprit régnant dans ce parti, qui feront, non pas ce que M. Barrot et M. Arago veulent faire, mais ce que plusieurs les croient, fort mal à propos, capables de faire. Ce sont eux, en un mot, qui seront obligés d'améliorer *réellement* le sort du peuple.

Périer, le libéral de la restauration, M. Thiers, le rédacteur du *National*, ont mis des baïonnettes au bout de leurs doigts, quand ils ont été au pouvoir; MM. les 221 peuvent être certains qu'un moment viendra où ils feront plus que ne peuvent même rêver aujourd'hui nos politiques sans-culottes. Pour cela il n'y a qu'à attendre un peu; les coalitionnistes qui penchent gracieusement la tête à gauche, ne tarderont pas à voir des événemens qui la leur feront redresser. Alors il faudra être en mesure d'aborder rondement les véritables intérêts populaires, que les radicaux méconnaissent complétement et que les 221 ignorent.

Lamartine, malgré son vif amour de la gloire, n'a pas encore, faute d'exercice, la fibre populaire aussi vigoureuse que sa noble fibre royale. Ces deux élémens de la vie des prophètes géans, peuple et roi à la fois, ne sont pas encore assez égaux en valeur pour être religieusement unis en lui; en un mot, il n'est pas encore assez peuple pour comprendre et dire ce que Dieu veut pour le peuple; mais, je l'espère, lorsque le moment sera venu, il sera prêt; les grands hommes s'illuminent promptement, et leur inspiration est quelquefois si merveilleuse qu'elle ne peut avoir d'autre nom que celui de révélation.

De tout ceci, il résulte que Lamartine aurait grand tort de ne pas chercher à conserver son influence sur les hommes qui sont destinés, à leur insu, à remplir cette belle tâche; toute la question est donc de savoir comment accroître cette influence, si bien méritée.

Je me tromperais beaucoup si Lamartine ne sent pas déjà que lui et les 221 doivent changer de batterie, et qu'ils ne doivent plus se poser comme les défenseurs de l'ordre, ce qui est presque trop convenu; mais comme les seuls hommes *qui comprennent les véritables besoins populaires*, comme les seuls qui *puissent y satisfaire*. C'est en effet la meilleure arme à employer contre le tiers-parti, qui ne pourra rien faire dans cette direction, malgré ses promesses; et c'est aussi un puissant moyen d'éducation et d'élévation pour les soldats dont parle Lamartine, et qu'il ne veut pas abandonner. Il faut, je le répète, que les 221 acquièrent la conscience que cette tâche leur revient, et ils se mettront en mesure de la remplir avec connaissance de cause, lorsque le temps sera venu.

Je dis plus ; pour le but à atteindre, il est tout à fait inutile de s'inquiéter si les 221 savent parfaitement, aujourd'hui, ce qu'il faudra faire dans cette direction populaire, lorsque leur reviendra le pouvoir. Ce serait même plus nuisible qu'utile d'arrêter prématurément leur pensée sur ce point. Les hommes politiques, en général, ne sont pas théoriciens, et leur habitude des affaires leur fait découvrir, en leur temps, les mesures à prendre, *pourvu qu'ils soient entraînés par un sentiment bien net.*

C'est donc ce sentiment qu'il s'agit d'éveiller et de développer en eux, et je suis certain qu'ils sont tout prêts à le recevoir, non-seulement parce qu'il y a autant de véritable amour du peuple de ce côté que de l'autre, mais parce que les 221 savent bien que toute mesure populaire qui ne viendrait pas d'eux serait un acheminement inévitable vers la république. Et voilà pourquoi la position du duc d'Orléans, politiquement nulle jusqu'ici, me paraît devoir prendre caractère ; car ce prince qui, en sa qualité d'héritier du trône, représente plus l'avenir que l'époque actuelle, n'a qu'à manifester cette pensée populaire, pour servir de drapeau à l'évolution préparatoire et toute pacifique qui délivrerait le trône où il doit s'asseoir d'obstacles bientôt insurmontables, s'il ne s'occupait pas, dès à présent, de les détruire.

Un acte du duc d'Orléans, une parole de Lamartine, voilà ce qu'il faut. Que Lamartine sollicite l'acte, et il aura accompli double tâche, mérité double gloire.

Heureuse la France, si ces deux hommes sont marqués du doigt de Dieu pour une œuvre commune!

Je ne sais dans quelle circonstance vous m'avez dit : Lamartine sera un jour ministre des relations extérieures. Votre prophétie n'est peut être pas parfaitement exacte, parce que dans le temps où Lamartine fera de la vraie politique, il devra faire aussi de la vraie poésie; c'est-à-dire qu'il devra *inspirer les chefs des peuples directement,* non par l'intermédiaire de leurs ambassadeurs, je me le figure mieux près de la reine Victoria ou près de l'empereur de Russie, ou bien à Rome qui sera bientôt un curieux théâtre, ou à Vienne, pour en finir avec Henri V, ou bien à Constantinople, pour y faire concorder le Coran et l'Evangile, qu'entouré dans son cabinet, à Paris, de diplomates venant faire leur éducation près de lui; mais c'est égal, quoiqu'il arrive, le duc d'Orléans dût-il mourir demain malheureusement d'une fluxion de poitrine, ou glorieusement d'une balle arabe, je dis qu'aujourd'hui on fait bien de lui témoigner qu'on a espoir en lui, si Dieu lui prête vie; il le mérite, et c'est d'ailleurs la meilleure disposition d'esprit et de cœur pour découvrir et préparer ce qui doit être fait en ce moment. Fonder son espoir sur la tribune, comme les Guizot et les Thiers; sur Louis-Philippe, comme les ventrus; sur la presse, comme les Garnier-Pagès; sur Henri V, comme les ultras, c'est s'appuyer sur des planches usées, brisées ou même pourries.

C'est vous dire que je n'adopte pas du tout l'idée de *publier* quoique ce soit de moi. Je suis en ce moment sous terre; on m'y a mis et je dois y rester encore; je dois me borner à faire en sorte qu'un très petit nombre d'individus, tout à fait hors ligne, sachent que je ne suis pas mort dans mon trou, et que ma terre m'est assez légère pour pouvoir la secouer facilement, si cela est nécessaire.

POLITIQUE GÉNÉRALE.

X.

Constantine, mai et juin 1840.

MON CHER AMI,

Depuis ma dernière lettre, j'ai lu les journaux ; trois choses m'ont frappé et toutes les trois peuvent se ramener à une seule :

1° La conversion des rentes ;

2° L'avis de la commission sur l'Algérie ;

3° Le ton et même le fond des discours de M. Thiers à la Chambre des pairs. C'est à ce dernier sujet que je vais ramener les deux autres.

M. Thiers a dit avec raison : « lorsque le 12 mai a paru trop pencher à droite, il y a eu réaction vers la gauche ; si nous penchions trop vers la gauche, il y aurait réaction vers la droite ; personne ne veut aujourd'hui risquer de grandes expériences. » Voici pour le fond ; quant à la forme, il a été envers la pairie d'une politesse excessive, demandant pardon même de l'emploi des mots les plus usuels de la langue parlementaire.

Indépendamment de toute autre raison, je conclurais de ceci ce que je vous ai déjà écrit, savoir : que la Chambre des pairs pourrait bien, par réaction, essayer de ramener vers elle le mouvement politique qui, depuis deux ans surtout, se porte d'une manière exagérée vers la Chambre des députés. Et comme seconde conséquence, je prévois à la Chambre des pairs deux votes contraires à ceux qu'on aura probablement chez les députés, pour la conversion et pour l'Algérie.

Ce système de bascule qui est notre vie depuis 1814, a eu certainement de grands avantages, mais on ne peut pas se dissimuler qu'il use considérablement les rouages, et que s'il retarde quelques mouvemens brusques, il oblige, de temps à autre, à de grands renouvellemens de la machine, comme l'invasion de 1815, comme le retour de l'île d'Elbe, comme 1830, comme *l'isolement diplomatique de* 1840 et ses suites. C'est sur ce dernier fait que je suis bien aise de fixer votre attention.

M. Thiers n'effraie pas autant l'Europe que Napoléon, c'est tout simple, il a, je crois, deux pouces de moins; mais évidemment, malgré ses prétentions diplomatiques, il ne lui sera pas donné de nous sortir de l'isolement actuel; son avènement au pouvoir est même un signe qui correspond on ne peut mieux à cet isolement.

Certes, à un point de vue très général et très philanthropique, en considérant ce que l'Europe tout entière, ce que le monde même peut gagner à cet isolement de la France, il serait possible d'y trouver des compensations, analogues à celles qu'on a pu se donner en 1815, en se dépouillant un moment de sa qualité de Français. A cette époque, les peuples européens, ayant acquis tout ce que Napoléon avait pu leur donner de la vie française, se sont révoltés contre lui. De même, aujourd'hui, la révolution de 1830 a donné à l'Europe (beaucoup par M. Thiers, c'est une justice à lui rendre) tout ce qu'elle pouvait lui donner. La Belgique, l'Espagne, l'Italie, la Pologne même, j'en suis convaincu, et aussi la Grèce, l'Egypte et la Turquie, l'Amérique même, ont reçu de 1830 tout ce que 1830 pouvait donner de bon, comme en 1814 le monde avait reçu par Napoléon tout ce que la révolution de 1789 pouvait lui donner de bon; c'est par la force que Napoléon avait donné, c'est par elle qu'il a été repoussé; c'est par le terre à terre du statu quo et du *chacun chez soi* que 1830 a agi, et 1830 va rester *chez lui*, *in statu quo*, terre à terre, c'est très naturel.

Vouloir agir sur l'Europe me paraît donc aussi puéril, aujourd'hui, que l'aurait été, en 1815, le rêve d'un grognard qui aurait voulu re-reprendre Moscou. Malgré cela nous aurons un Waterloo diplomatique, comme nous avons eu un Waterloo militaire ; M. Thicrs a fait entendre qu'il cherchait une nouvelle alliance pour la substituer à celle de l'Angleterre ; il aura un pied de nez, et l'Autriche le jouera bien plus facilement encore qu'elle n'a joué son gendre Napoléon ; et quelque Blucher prussien taillera en pièces M. Cousin.

C'est qu'il y a, en effet, dans la politique extérieure de la France, pour la grande question où se débat actuellement la diplomatie, une condition générale de défaite sur tous les points. M. Thiers veut, comme Napoléon (et malheureusement l'opinion publique est encore conforme à la pensée de M. Thiers, comme elle soutenait encore Napoléon après Moscou même), maîtriser les événemens, contrairement à leurs tendances naturelles. Il convient, et tout le monde convient avec lui, que la tendance naturelle des Russes est de prédominer à Constantinople, et que la tendance naturelle des Anglais est de prédominer à Suez et en Syrie ; et il en conclut qu'il faut *s'opposer* aux Russes à Constantinople et *s'opposer* aux Anglais à Alexandrie, *résister* à l'extérieur comme M. Guizot à l'intérieur. Cette politique toute négative manque complétement d'élémens de succès. Sans doute, il faut s'opposer à ce que la prédominance naturelle, inévitable, très désirable même, des Russes sur la Turquie et de l'Angleterre sur l'Egypte, devienne *exclusive*, *absolue*, *autocratique* et semblable à une *conquête* ; mais, je vous l'ai déjà dit, et je ne saurais trop le répéter, on poussera d'autant plus à ce qu'elle prenne ce caractère, qu'on méconnaîtra ce quil y a de légitime et de vraiment providentiel dans cette double prétention.

C'est ce que l'Autriche sentira et sent déjà, j'en suis sûr, comme elle a senti, en 1812, que la puissance de Napoléon était purement négative, destructive, et qu'il fallait l'abattre.

L'ambassadeur de France qui irait à Vienne dans cette pensée pourrait encore sauver la France du Waterloo de M. Thiers ; peut-on l'espérer ? J'en doute.

Je reviens à la Chambre des pairs, mais pour ce que j'ai à en dire, cette vue de politique extérieure étant nécessaire.

Je continue ma comparaison de **1814**. Le sénat *conservateur*, réunion des vieilles illustrations de la République, du Consulat et de l'Empire, a salué la Sainte-Alliance et donné le coup de grâce à Napoléon. Aujourd'hui, la chambre des pairs, toujours *conservatrice*, réunion des vieilles illustrations de l'Empire, de la Restauration et de 1830, donnera le coup de grâce à M. Thiers, et saluera, la première, les vainqueurs de sa politique extérieure et intérieure.

Je ne voudrais pas que ma comparaison de M. Thiers avec Napoléon vous donnât trop à penser sur M. Thiers ; mais je ne voudrais pas qu'elle vous donnât trop peu, et dans ce but, je vais vous dire pourquoi je prends M. Thiers et non pas Louis-Philippe, qui est pourtant assis sur le trône où était assis Napoléon. C'est que Napoléon, en partant, a enlevé tout à fait le velours qui recouvrait ce trône ; que Louis XVIII y a mis un velours de coton, troué par Charles X ; et que Louis-Philippe n'y a pas même posé une indienne ; ce qui fait que le trône est réduit aux planches dont a parlé l'empereur.

Et voilà pourquoi Louis-Philippe, qui règne, ne sera pas détrôné, du moins avant M. Thiers, qui s'est dit : Le roi règne et JE gouverne.

En d'autres termes, M. Thiers est bien plus le représentant de la *révolution* de 1830, et il en convient certainement lui-même, que Louis-Philippe ; M. Thiers est le fils de la presse et de la tribune, tandis que Louis-Philippe est de sang royal et Bourbon ; il n'y a pour M. Thiers ni quoique, ni parce que ; il vient de rien et il est presque tout ; le roi, au contraire, vient de bien haut, et n'est presque rien. Louis-Philippe est de plusieurs époques du passé ; M. Thiers n'est que d'une seule, du moment ; Louis-Philippe, enfin, est éminemment un homme de transition, un lien du passé avec l'avenir ; M. Thiers est le présent, un instant, un éclair très brillant, un météore, une, ou si voulez, *trois glorieuses journées*.

Je dis donc que M. Thiers s'éteindra extérieurement sous le souffle des diplomates, et intérieurement sous celui de la Chambre des pairs. Extérieurement à propos de la question d'Orient, intérieurement à propos de la conversion et de l'Algérie. Déjà, pour la conversion, les décisions fermes qu'il avait promises, ne sont pas arrivées ; il est difficile d'être plus flasque qu'il ne l'a été sur cette question et sur la réforme électorale, et sur les destitutions ; mais il me semble que cela va être bien pis sur la question d'Alger, malgré son immense talent et son adresse infinie ; la fermeté promise fera place, je le parierais, à une faiblesse prodigieuse.

Mais je m'aperçois que vous pourriez porter, sur ma politique, le même jugement que j'appliquais à celle de M. Thiers pour l'Orient, c'est-à-dire la condamner, comme étant uniquement négative, et n'ayant d'autre but que la chute de M. Thiers ; ce ne serait pas tout à fait juste, puisque je dis en même temps ce que beaucoup d'autres n'admettent pas, que Louis-Philippe lui survivra. Il est vrai que j'ai beaucoup plus indiqué pourquoi et comment M. Thiers cesserait de gouverner, que je n'ai dit pourquoi et comment Louis-Philippe continuerait de régner, après le chute de M. Thiers ; mais j'y arrive.

Pour cela, examinons bien en quoi ma comparaison de 1814 avec 1840, ou de la révolution de 1789 avec celle de 1830, diffère d'une identité.

L'Empire est la propagation européenne des principes de 1789 ; la Restauration est une réaction contre l'extension momentanément exagérée de ces principes, ou mieux encore une protestation de certains principes sociaux, oubliés ou écrasés en 89, et qui demandaient à avoir leur part dans la société renouvelée. La Restauration, comme l'Empire, a dépassé son but, et comme lui elle est tombée par exagération de son principe. En 1830 donc, outre le fait révolutionnaire qui arrêtait la Restauration dans sa marche, et dont M. Thiers est le représentant, il y avait un double résultat obtenu, une double étude faite ; quelques hommes avaient compris le pourquoi de 1789 et le pourquoi de la Restauration : *liberté* et *ordre* devinrent la devise sociale, tandis que 89 avait mis au monde la liberté, en *détruisant l'ordre* ancien, et que la Restauration avait tenté, sinon de créer un ordre nouveau, du moins de ressusciter l'ordre du passé, en *sacrifiant la liberté*.

Le mérite de Louis-Philippe est d'avoir trouvé et proclamé cette double devise qui résume ce qu'il y a de vraiment légitime et de progressif dans la Révolution et dans la Restauration, et il représente ainsi, non pas la *Révolution de* 1830, comme M. Thiers, mais le double sentiment né de ces deux grandes épreuves auxquelles la France a été soumise, depuis que, mécontente de sa forme sociale ancienne, elle en cherche une nouvelle. Louis-Philippe est à peu près M. Thiers et M. Guizot, réunis en un seul homme.

Depuis 1830, le problème politique est ainsi posé : Quelle est la mesure de *liberté*, et quelle est la mesure d'*ordre* que comporte la société actuelle ? Ce qui se traduit ainsi, en langage parlementaire : Comment concilier M. Thiers et M. Guizot? En effet, notre époque est une époque de *conciliation*, succédant à deux époques, l'une de *révolution* et l'autre de *restauration*, c'est-à-dire deux époques, l'une d'*avenir sans passé*, l'autre de *passé sans avenir*, semblables à MM. Thiers et Guizot, l'un écrivant des révolutions, l'autre des restaurations.

Or, M. Guizot est un astre déjà tombé sous l'horison politique, et M. Thiers est bien près d'avoir accompli sa révolution ; l'un est passé, l'autre passe : se retrouveront-ils aux antipodes de la France? est-ce là qu'ils doivent se concilier? ou bien, après la disparition prochaine de M. Thiers, verrons-nous reparaître encore une fois au levant M. Guizot ? c'est ce que l'avenir nous dira : toujours est-il que M. Thiers est arrivé maintenant au mot *conciliation*, ce qui prouve que la *chose* est généralement sentie ; et il a pour accolyte MM. Cousin, Jaubert, Rémusat, c'est-à-dire l'ancien *Globe*, parce qu'en effet le mot conciliation est, en politique, la traduction des prétentions philosophiques de l'éclectisme.

C'est un excellent sentiment que celui de la conciliation ; mais nous savons depuis longtemps qu'il ne suffit pas de dire à deux personnes qui se regardent comme ennemies, et qui auraient, au contraire, de grands motifs d'être unies : embrassez-vous, et que cela finisse ; il faut encore leur faire sentir et comprendre ces motifs d'union, de manière à changer l'inimitié en affection véritable.

Pour cette œuvre, tous les éclectiques, même sous les ordres de M. Thiers, sont impuissans ; ils ont une intention fort louable, mais ce n'est qu'une intention ; ils représentent parfaitement la société désirant mettre fin à ses luttes, mais ils ignorent le moyen d'y mettre un terme, parce qu'ils n'ont aucune idée de la forme nouvelle que prendra la société après cette réconciliation.

Peuple et roi sont deux mots qui résument toute la forme sociale ancienne ; l'un a donné son cachet à 1789, l'autre à la Restauration. 1830 a fait surgir un roi-citoyen (1); c'est donc encore, sous ce nouveau point de vue, Louis-Philippe qui est le véritable symbole des deux grandes acquisitions faites par la Révolution et la Restauration. Il est, je le répète, le chaînon qui rattachera le passé à l'avenir, et il ne sera pas brisé avant cette union, parce qu'il est impossible de concevoir une position plus favorable que la sienne pour la préparer. Il a pu, et il pourra encore user beaucoup d'hommes, durant l'évolution nécessaire pour faire naître et pour développer dans les masses le sentiment préalable de conciliation ; Périer et Laffitte, Guizot et de Broglie y sont passés ; Thiers y passera ; mais Louis-Philippe ne finira que lorsque sa destinée tout entière sera accomplie, lorsque le mot peuple et le mot roi seront prêts à recevoir l'acception nouvelle que Dieu leur réserve ; lorsque la France pourra commencer à *pratiquer* le sentiment de conciliation entre le passé et l'avenir, entre le droit et le fait, entre les légitimistes et les

---

(1) Un roi-citoyen, *par la grâce d'un peuple*-SOUVERAIN, aurais-je dû ajouter, et ce complément d'idées m'aurait fait appliquer à la politique européenne les mêmes principes que je viens de développer pour notre politique intérieure. C'est qu'en effet la France est, pour l'Europe et le monde entier, ce que Louis-Philippe est en France ; elle représente le double sentiment né de 1789 et de la restauration ; elle est la nation juste-milieu ; à ce titre, elle restera *isolée*, au milieu de l'Europe, comme Louis-Philippe au milieu de son parlement, où il ne pourra bientôt plus former de ministère.

Quant à l'Angleterre, qui professe la maxime : *La France règne et ne gouverne pas*, elle pourra bien être traitée comme le sera M. Thiers, parce qu'elle a la prétention de gouverner le monde, et particulièrement la France. Il serait donc possible qu'elle fût condamnée à subir une révolution, tandis que nous n'aurions qu'une évolution à faire. Oui M. Thiers et l'Angleterre sont menacés d'un sort semblable, un Waterloo, et M. Guizot y contribuera, pour l'un et pour l'autre. Relisez ce que je vous ai écrit sur lui l'an dernier.

républicains, entre les pairs et les députés, les riches et les pauvres, les bourgeois et les ouvriers.

Quelle sera cette politique *conciliatrice?* Est-ce une destinée royale ou une conduite de citoyen que je vois pour les gouvernans de l'avenir? Ceci nous mènerait trop loin ; ce que je veux dire, c'est que ce ne sera pas une conduite *parlementaire*, parce que le parlementarisme finira avec Louis-Philippe, qui vivra autant que cet éclectisme politique dont il est le véritable représentant.

POLITIQUE GÉNÉRALE.

XI.

Constantine, juin 1840.

MON CHER AMI,

Ma lettre précédente me permet de rentrer plus nettement dans la question dont je vous ai déjà entretenu, c'est-à-dire, dans l'examen du rôle que doit jouer le duc d'Orléans, s'il veut sauver la France et le roi des dangers qui les menacent.

M. Thiers a défié de gouverner après lui; il a eu presque raison, car il est l'avant dernier terme du gouvernement parlementaire, comme Louis-Philippe en est le dernier. Michel Chevalier disait dernièrement à d'Eicthal : La France actuelle est ingouvernable; et celui-ci répondait : Ingouvernable comme on veut la gouverner actuellement. D'Eichthal avait raison; la France est ingouvernable *parlementairement*, ce qui signifie que nous touchons à la fin du parlementarisme, comme en 1813 à la fin de l'Empire, comme en 1827 à la fin de la Restauration. Mais après M. Thiers, c'est-à-dire le jour où il aura été atteint par la pairie, Louis-Philippe poussera encore jusqu'au bout son principe, son système, comme ont fait la Restauration et l'Empire; par conséquent, il y aura un intermède ministériel, ou des intermèdes successifs, dont les précédens ne donnent qu'une faible idée, et durant lesquels se prépareront les grandes choses dont il faut s'occuper très sérieusement dès aujourd'hui. Ce sera là le dernier acte de Louis-Philippe, et ce ne sera pas le moins important de sa vie.

Ne regardez pas ma prophétie comme sinistre pour le roi, au moins, dans ma pensée; je crois très fermement à la possibilité de prévenir les maux qui nous menacent tous; je voudrais si sincèrement éviter au roi l'exil de Sainte-Hélène ou d'Holy-Rood, et au duc d'Orléans une visite forcée au tombeau du roi de Rome, et à la France une nouvelle révolution, que j'espère dans l'intelligence du roi, du prince et de la nation. J'espère que le représentant du sentiment de conciliation entre l'ordre et la liberté, n'aura pas le sort de la Révolution incarnée (Napoléon), ni de l'ancien régime ressuscité (Charles X); j'espère enfin qu'il mourra, comme l'éclectisme, de vieillesse et impuissant, mais voyant luire l'aurore d'un grand jour nouveau.

Tout ceci, sauf ces derniers mots, aurore d'un grand jour nouveau, est encore bien négatif, direz-vous; c'est encore, quoi qu'un peu plus tard que la chute de M. Thiers, la mort du parlementarisme avec la fin du règne de Louis-Philippe. Je n'en disconviens pas, arrivons donc vite à cette aurore; tâchons, dès à présent, d'en voir quelques lueurs et de signaler le moment où l'on pourra, peu à peu, la mieux découvrir. Au reste, pour bien apercevoir le jour qui va naître, il est bon d'être convaincu qu'on est très avancé dans la nuit.

Le sentiment de dégoût du parlementarisme fait tous les jours d'immenses progrès dans les rangs des hommes vraiment supérieurs. Ce progrès doit engendrer prochainement le besoin de s'unir, pour prévoir et préparer les moyens de sortir de cet état contre nature de fièvre perpétuelle. On n'ose pas encore avouer hautement ce dégoût, on s'en fait confidence à voix basse; tant qu'on n'aura pas, sous ce rapport, le courage de son opinion, comme on dit, il sera difficile que ces confidences mystérieuses produisent quelque chose de bon.

Mais attendez qu'une de ces natures impressionnables et impressionnantes, étouffant sous la corruption parlementaire, éclate; combien ne regretterions-nous pas, dans un pareil moment, d'avoir négligé de former le noyau des hommes destinés à réaliser la partie *positive*, *constructrice*, *organisatrice* de la politique dont j'ai presqu'exclusivement développé la partie négative ?

Ainsi, tout ce que je vous écrivais dans une de mes lettres précédentes, sur la marche que doivent inévitablement adopter les 221, sur la nécessité où ils sont de se présenter, non plus comme les défenseurs de ce qu'on appelle l'ordre, mais comme les seuls capables de réaliser des améliorations vraiment *populaires*, donne un caractère bien net à ma pensée sur la Chambre des pairs, quant à la politique intérieure. Le thème des 221 est le même pour elle, et je suis certain qu'elle s'en emparera, quand la conversion lui arrivera, si elle est poussée par quelques voix d'*en haut*, parce qu'elle sentira la nécessité de se faire populaire, au moment où elle pourrait craindre qu'on ne l'accusât de défendre sa cause de grosse rentière cinq pour cent.

Quant à la politique extérieure, Alger y touche de trop près pour que la Chambre des pairs n'ait pas encore là une belle occasion de relever notre dignité nationale, devant un cabinet qui veut, dit-il, la paix sans honte, et qui ne défendra pourtant que très mollement la possession de l'Algérie devant les députés.

Mais il y aura bien d'autres circonstances prochaines où se produira clairement la faible estime dont jouit M. Thiers auprès de M. de Metternich et de l'empereur Nicolas, et qui inspireront à quelques nobles âmes le sentiment de la seule grande diplomatie qui convienne à la France, et dont je faisais, dans ma lettre précédente, l'application à la question orientale.

Vous vous rappelez que dans ma lettre au roi, il y a trois ans, j'indiquais l'apparition de cette politique loyale et naturelle, comme le viatique qui devait accompagner Talleyrand dans la tombe, ouverte pour lui peu de temps après. Cette politique est si simple et si claire, elle est en même temps tellement rénovatrice de toute la diplomatie, qu'il ne faudrait, pour ainsi dire, que l'énoncer pour y ranger les bons esprits, et il est impossible que la conduite de

M. Thiers ne donne pas l'occasion de la mettre au jour. Or, c'est la politique d'*association des peuples*, et en même temps de leur *indépendance* et de leur *dignité*, puisque c'est celle qui prend pour base la capacité et les tendances naturelles de chacun d'eux.

Voici donc les deux points autour desquels il me semble que devraient se rallier tous les hommes qui, dégoûtés de la politique actuelle, songeraient à préparer une politique nouvelle ; à l'intérieur, ils s'occuperaient des améliorations *populaires*, par conséquent, ils se trouveraient transportés sur le vrai terrain de l'*organisation industrielle* et de l'*éducation intellectuelle et morale du peuple* ; pour l'extérieur, ils chercheraient les bases d'une nouvelle *association des peuples, selon leurs tendances naturelles*, afin de transformer en politique pacifique d'émulation, notre vieille politique de guerre et de jalousie.

Peut-être trouverez-vous que je prends mes espérances pour des réalités très prochaines ; c'est possible, et cela m'est arrivé quelquefois ; pourtant je ne crois pas me tromper, en regardant comme assez près de nous le moment où toutes ces choses nouvelles vont se dire et se faire. N'oubliez pas que dans ma main est tombé, en 1830, le *Globe* de MM. Guizot, de Broglie, Rémusat, Jaubert, Jouffroy, Dubois et Cousin ; après l'éclectisme, je dois donc savoir ce qui naît. Le *choix* entre mille doctrines philosophiques, déclarées également respectables, a toujours précédé de peu une philosophie nouvelle ; le *choix* entre d'honorables systèmes politiques (juste-milieu) touche également de près à une politique nouvelle.

Pour compléter cette pensée, je vous rappellerai une conversation de l'année dernière, dans laquelle je vous annonçais le retour inévitable de M. Thiers au pouvoir, pour la clôture de la phase ouverte en 1830, et ma lettre de Constantine, du 19 mars, alors que j'ignorais encore, mais que je prévoyais la formation du ministère actuel. A Lyon, en novembre de l'année dernière, je vous disais donc que nous devions aller, en politique intérieure et extérieure, jusqu'au régime Robert-Macaire pur ; nous y sommes. De Constantine, le 19 mars, je vous écrivais : Opposition systématique du duc d'Orléans, protestant contre un semblable héritage, et devenant ainsi le drapeau des hommes d'avenir.

Oui, nous en sommes au régime Robert-Macaire ; le *Journal de Débats* a cru jusqu'ici qu'il perdrait ses abonnés, s'il disait : Malheureuse France, dégoutant parlementarisme ! Il a tort ; un peu de persécution du ministère actuel lui produirait dix fois plus que l'ancienne subvention supprimée.

Si ce régime ne nous faisait faire que des saletés, il ne mériterait qu'un coup de balai ; mais il nous fait commettre de sanglantes absurdités qui pourraient lui attirer et nous faire subir un sort plus déplorable. Ainsi, dans la question d'Alger, voyez : Au moment où l'on se bat contre un ennemi qui puiserait des forces dans la moindre velléité d'abandon ; au moment où, d'un autre côté, la grande démonstration de forces, faite par la France, a été un motif, pour les populations déjà soumises, de se compromettre plus chaudement pour nous, n'est-il pas absurde et indigne de mettre en question, publiquement, à la tribune et dans la presse, une retraite devant l'ennemi ou l'abandon de nos amis ? C'est une lâcheté bête qui passe toutes les bornes ; c'est porter le dégoût chez nous et chez nos amis, et la confiance chez ceux qui nous coupent des têtes ; c'est monstrueux de stupidité.

Cette affaire d'Algérie est, je vous assure, l'occasion la plus belle pour en finir avec le parlage des bavards qui vont nous faire tuer autant d'amis qu'ils prononceront de paroles. L'Algérie, dernière parure de gloire de la Restauration, sera la dernière saleté du parlementarisme éclectique ; ce fut un dernier signe de force, ce sera un dernier signe d'impuissance.

Quant à la conversion des rentes, les pairs de M. de Villèle y consentaient, tandis que la gauche des députés la repoussait ; aujourd'hui, ce seront les pairs qui repousseront la réduction des rentes, votée par la gauche des députés. Périer a vaincu Villèle ; quel sera le pair qui triomphera de M. Gouin ?

Je songe que dans toutes mes *comparaisons*, qui ne sont peut être pas toujours *raisons*, selon le dicton, j'en ai oublié une qui est pourtant assez naturelle ; c'est celle de l'époque actuelle avec le Directoire. Le Directoire est le règne des éclectiques de la grande Révolution, comme notre époque est le règne des éclectiques de la petite : hommes sans principes, phase Robert-Macaire. Il s'agit, comme au

18 brumaire, non d'un changement de gouvernement, mais de substituer un gouvernement à l'anarchie. Aujourd'hui, le gouvernement à instituer est nettement indiqué, dans sa forme, par le caractère de notre époque d'argent. L'argent appelle, par réaction contre sa corruption, l'organisation *industrielle*, comme la guillotine appelait l'organisation de la *grande armée*, par réaction de l'épée du héros contre la hache du bourreau. Le duc d'Orléans est mieux placé que Napoléon et a relativement moins à faire, sous le rapport de sa position politique, puisqu'il est aussi près que possible du lieu où l'on commande; mais il a beaucoup plus à faire personnellement, parce qu'il n'est pas, dans l'industrie, ce que Napoléon était dans l'armée, au 18 brumaire. Comme je vous l'ai déjà écrit, il n'a ni état-major, ni soldats. Il en aura bien quand il voudra, *politiquement* parlant, c'est-à-dire dans les Chambres et dans l'administration, mais il lui en faut dans l'industrie, dans les ateliers. Il faut donc qu'il songe à conquérir des titres réels et personnels à la confiance des hommes de travail et de paix, et, dans ce but, qu'il entreprenne de grandes œuvres, semblables à celles qui assurèrent à Napoléon le dévoûment des hommes de guerre; il doit rêver à sa campagne d'Italie, et je voudrais bien que, pour cela, vous fussiez son Berthier à Lyon. Ensuite, il lui faudra sa campagne d'Egypte, et ceci pourrait bien être caché sous les mots de COLONISATION DE L'ALGÉRIE. Et tout cela ne doit pas durer aussi longtemps que de 1794 à 1800; industrie manufacturière à Lyon, industrie agricole en Algérie; alors son état-major sera formé, et il aura empire sur les armées des travailleurs.

Je viens d'oublier un fait très important, dans ma comparaison des actes à faire, avec ceux qui ont été accomplis par Napoléon. Dans la vie politique du général Bonaparte, il y a un certain acte qui n'a pas peu contribué à son avenir, c'est la mitraillade de Saint-Roch. Je crois qu'il faut une journée analogue au duc d'Orléans, mais rassurez-vous, il ne s'agit pas de canons. Par sa mitraillade de Saint-Roch, Napoléon a fait sentir qu'il était résolu, prompt, ferme vis-à-vis de l'anarchie, vis-à-vis des hommes qui affaiblissent et attaquent le pouvoir, et qui voudraient le réduire à la nullité. Eh bien! j'aimerais assez que le duc d'Orléans fît une mitraillade de ces compagnies industrielles de loups-cerviers, comme dit Dupin, qui refusent au gouvernement le droit et le pouvoir de faire de grandes entreprises, et qui voudraient le forcer à se déclarer impuissant, à tout jamais, sous ce rapport. Alors, le prince ne pourrait-il pas mettre la main sur les ponts-et-chaussées, comme il a cru devoir la mettre sur l'armée? Alors, il assisterait à de grands travaux, il les dirigerait, comme il assiste à des carousels et commande les grandes manœuvres des camps. Le jour où il campera sur quelque grand chemin de fer, l'évolution sera à moitié faite; ce jour-là, il sera en habit bourgeois et aura accordé des congés à ses aides-de-camp; ce jour-là, il pourra se dire général des ouvriers, prince des travailleurs, ce qui vaut mieux que d'être prince du sang.

POLITIQUE GÉNÉRALE.

XII.

Constantine, juin 1840.

MON CHER AMI,

Je suis profondément affligé de ce qui se passe en France, et de ce qui s'est fait à Alger. La discussion relative aux cendres de Napoléon m'a agacé les nerfs, et le rapport du maréchal m'a blessé au cœur. Thiers joue avec ces nobles cendres, et le maréchal radote avec de nobles vies.

La faiblesse de l'imprécation de Lamartine contre le dictateur Thiers, me désole pour lui, et le silence du Cabinet, après le rapport du maréchal, me confond ; concevez alors pourquoi j'enrage contre nous autres Francais, qui avons la prétention d'être le plus éclairé des peuples de la terre, lorsque je vois l'un des grands espoirs de la France avoir peur qu'on ne lui vole sa soi-disant liberté ! et le plus grand ministre des temps modernes, l'imitateur de Napoléon, hésiter à remplacer un maréchal après une pareille campagne ! Ce sont, à mes yeux, deux faiblesses qui dépassent tout ce qui s'est produit de plus faible en parlementarisme.

Si vous dites à Lamartine que je le compare à Louvet, il trouvera sans doute la comparaison aussi fausse que contradictoire avec le rôle qu'il croit jouer et qu'il devrait jouer ; de même, si vous disiez au duc d'Orléans que, selon moi, le maréchal aurait dû être rappelé, le jour même où lui, duc d'Orléans, rentrait à Paris, le prince trouverait probablement que je me mêle de ce qui ne me regarde pas. Mais qui donc dira la vérité aux poètes et aux princes, si ce ne sont ceux qui les aiment, qui ont espoir en eux, et qui veulent leur gloire aussi grande qu'ils peuvent eux-mêmes la désirer ? M. Thiers ne sera pas dictateur, soyons tranquilles ; mais le prince peut nous aider à conquérir la liberté ; que l'un prétende à tout et tombe, un coup de Lamartine n'est pas nécessaire pour la chute ; mais que l'autre ne soit qu'un brave général, cela ne suffit ni à lui ni à la France.

Ce qui pourrait presque me consoler des tristes évènements qui se sont passés en Algérie, c'est qu'on est enfin à la recherche d'une idée arrêtée, d'un système pour le gouvernement de ce pays. Je ne le crois pas trouvé par Lamoricière, quoique je considère ce brave officier comme un des plus puissants instruments de ce qui se fera militairement, ou, si vous voulez, comme le général en chef *futur*, et comme le gouverneur *très-prochain* de la province d'Oran, et ensuite de l'Algérie toute entière. Le point de vue militaire domine et doit dominer Lamoricière, cela est très-naturel et très-utile ; Lamoricière, par son grade, est encore trop éloigné du moment où il pourrait être nommé gouverneur de nos possessions d'Afrique ; or, s'il trouvait le système, et qu'il n'en fût pas l'applicateur, ce serait absurde. D'ailleurs on cherche un système, mais on ne le trouvera pas demain, cette année, ni même, je crois, l'année prochaine ; Lamoricière pourra donc être en mesure de trouver ce système, lorsque le moment sera venu où il pourra l'appliquer. Cette campagne va le faire général de brigade, deux ou trois ans le feront bien général de division.

Cette recherche du fameux *système* franco-africain a son côté plaisant et aussi son côté bien douloureux. Il est curieux de vouloir forcer notre gouvernement à avoir un système sur l'Afrique, quand on ne sait pas en France quel système il faut pour la France. En attendant, on tue des hommes en Afrique, comme on fait des lois en France, de la manière la plus pitoyable et en aveugles. La conversion des rentes et les cendres de Napoléon viennent de mettre à nu la faiblesse de notre petit dictateur. Je crois qu'à propos d'Alger il a menacé d'un coup d'épée l'insolent qui en contesterait la possession à la France, et il n'a pas su faire donner à Abd-el-Kader d'autre coup d'épée que cette triste enfilade du vieux maréchal; que serait-ce donc s'il fallait châtier Nicolas ou le roi de Prusse? il enverrait, par Dieu! le maréchal Moncey ou bien Oudinot faire campagne!

Quel que soit le bon système à employer *militairement* en Afrique, la première condition pour l'appliquer, c'est d'y avoir des colonels de 25 à 30 ans et des généraux de 30 à 35. Est-ce possible aujourd'hui, avec nos réglements et nos formes? Non, dira-t-on. Eh bien alors, pas de système africain. Mais si nos règlements et nos formes nous paralysent à ce point, pourquoi appliquer à l'Algérie les règlements et les formes de la France, puisque l'Algérie est dans une situation exceptionnelle, puisqu'elle est en état de guerre? Gouvernez ce pays exceptionnellement, et si vous le gouvernez bien, peut-être un jour, M. le dictateur, la France charmée des résultats de votre autocratie d'outre-mer, vous demandera-t-elle de l'en faire jouir, en la délivrant des ennuis, de la nullité et des dégoûts de son gouvernement parlementaire.

Je m'explique plus clairement. *Notre occupation* d'Afrique n'aurait, pour ainsi dire, pas de sens, ou plutôt serait une vraie niaiserie, si elle était seulement ce que notre orgueil prétend qu'elle est, c'est-à-dire, un moyen de civilisation pour les Arabes. Elle est, avant tout, un moyen de civilisation pour les *Français*, de même que c'est surtout la *lutte* des Arabes contre nous qui est un moyen de civilisation pour les Arabes. La preuve en est que ceux des Arabes qui nous supportent et se laissent gouverner par nous, ceux que nous prétendons civiliser, ne prennent que nos vices, deviennent joueurs, ivrognes et pis que cela.

L'Afrique est destinée à nous faire rougir de notre absurdité politique. C'est parce qu'avec nos formes et nos idées politiques nous ne pourrons rien tirer d'elle, que nous serons contraints à faire un retour sur ces formes et ces idées, et à reconnaître qu'elles sont impuissantes partout, en France comme en Algérie.

Lorsque ce Napoléon, de glorieuse mémoire, qu'on veut faire revivre, se préparait en Egypte au gouvernement de la France et presque de l'Europe entière, il n'étudiait au Caire ni la balance des pouvoirs, ni même la déclaration des droits de l'homme ; il lisait le Coran et en profitait ; il sentit que le sabre de Mahomet était dans sa main, et il vint soumettre les bavards et les rois de l'Europe.

Aujourd'hui la France et l'Europe n'attendent pas l'épée de Dieu, elles n'appellent pas une volonté guerrière, mais elles désirent une *volonté*, une autorité pacifique, créatrice, organisatrice. Est-ce en faisant du tripotage de tribune et de votes, de journaux et de places, qu'on peut s'initier à cette haute dictature ? Abd-el-Kader vous en apprendrait plus, en ce genre, que tous vos journalistes et députés, car lui au moins s'est fait dictateur.

M. Thiers est un parodiste. On prétend que Lamartine l'a dit, et il a bien dit ; mais Lamartine n'aurait dû dire que cela, et ne pas tant se plaindre de ce que Napoléon avait escamoté la liberté. Est-ce qu'il n'y a plus de conscription aujourd'hui pour faire pleurer les mères ? est-ce que l'ouvrier et le journalier sont plus certains, aujourd'hui que sous l'Empire, de ne pas mourir à l'hôpital ? est-ce que le journaliste lui-même est plus libre d'attaquer la Charte et le roi, qu'on était libre d'attaquer les constitutions de l'Empire et l'empereur ? est-ce que les impôts indirects ou droits réunis, les douanes et les mille liens dans lesquels la fiscalité et la bureaucratie garottent le travail sont plus légers ? Non, la France n'est pas plus libre que sous l'Empire, elle l'est plus peut-être que sous le Directoire, plus certainement que sous la Convention ; mais songez donc, poète, que c'est Napoléon qui a mis fin à l'esclavage de la guillotine, le plus horrible de tous, et à l'esclavage de la vénalité, le plus sale de tous. Allez, Napoléon était un *honnête homme*, paix à sa cendre ! il était un *grand homme*, gloire à son nom !

Comment un esprit aussi élevé que celui de notre grand poète, peut-il se laisser prendre au souvenir des malédictions bien excusables qui l'ont bercé dans son enfance, et au spectacle menteur qu'il a sous les yeux, au point de craindre qu'une main ferme ne vienne mettre fin à l'anarchie qui nous ronge ! Comment peut-il s'aveugler au point de croire que notre liberté courrait des dangers ? Mais où est-elle donc notre liberté ? Est-ce qu'un pouvoir qui vacille et flotte au premier vent est une garantie de liberté ? Est-ce que Robespierre n'avait pas raison par sa pensée d'avenir, et tort seulement par sa vie passée, lorsque Louvet l'accusait, lui aussi, de rêver la dictature? Oui, il y rêvait grandement, comme M. Thiers petitement: tous deux y ont rêvé par le même motif; tous deux, après avoir employé une partie de leur vie à détruire, se sont trouvés sur des ruines et ont voulu reconstruire, tâche impossible aux démolisseurs.

Heureux moment, celui où, à la suite du désordre, le premier cri de : A bas le dictateur! se fait entendre! Mais pourquoi est-ce Lamartine qui le prononce? Thiers a tué nos Girondins actuels, il les a envoyés sans pitié à la guillotine : en ce moment il enterre Odilon Barrot de la manière la plus perfide; il y a aussi du chat tigre dans cette petite figure dont l'œil est vitré, dont l'allure est remuante et sautillante, et qui fait patte de velours aux dames; son Saint-Just, Cousin, l'ampoulé métaphysicien, je vous l'ai déjà dit, le perdra, et ils tomberont ensemble, rêvant à l'Être suprême et au catéchisme universitaire.

Qu'à son égard la volonté de Dieu s'accomplisse; le maréchal Soult a déjà fait son épitaphe.

M. Thiers ne montera pas plus haut qu'il n'est, et il tombera aussi bas que le point d'où il est parti. Mais il nous fera quelque coup de tête dont nous aurons peine à nous tirer, et qui pourtant sera le signal, l'occasion et le motif d'un beau mouvement européen. Son mot sur les insolents qui ne reconnaîtraient pas notre possession de l'Algérie, lui fera donner un grandissime coup de pied par toute la diplomatie européenne, et n'éveillera en sa faveur aucune sympathie patriotique en France. M. Thiers aurait beau brandir son épée, personne ne passera la frontière à sa suite. Il agit aujourd'hui sous l'empire de cette idée, qu'une conflagration générale de l'Europe armée est inévitable. Eh bien, soyez-en sûr, si les armées de l'Europe se mettaient en marche, elles se regarderaient sans se battre, eût-on 10 millions d'hommes sous les armes. La nation la plus forte, dans ce cas, sera celle qui aura le moins armé et le moins cru à la guerre.

L'Angleterre est aussi absurde que nous, et M. Guizot y travaille à ce que je vous ai dit; ne pouvant tuer M. Thiers directement, il l'enfile, en traversant de part en part lord Palmerston. Celui ci est au bout de son rouleau; son Odilon Barrot, O'Connel, ne lui suffit plus; il faut qu'il tombe tout à fait à gauche pour se soutenir encore un peu, et s'il le fait, la réaction Peel est inévitable. On dit lord Durham malade; le courrier prochain m'apprendrait qu'il est au ministère, je n'en serais pas surpris; c'est une oscillation possible, parce qu'elle ne serait pas trop significative.

Je reviens à l'imprécation de Lamartine; elle est très importante pour apprécier la situation véritable de la France. *A bas le dictateur !* En entendant ce cri, M. Thiers n'était pas en position de répondre, comme Bonaparte à Saint-Cloud : A moi, grenadiers! et de faire sauter par les fenêtres les honorables; mais le cri de Lamartine et le silence de M. Thiers annoncent l'avenir vers lequel nous marchons.

Suivez toujours ma grande comparaison de 93 et de 1830. Les hommes qui se sont formés après la *guillotine* sont particulièrement des *militaires*; ceux qui se forment après 1830, c'est-à-dire après l'abus de la parole et de la presse, sont surtout des ennemis du bavardage et de l'avocasserie, allant droit au fait, en parlant comme en écrivant. L'honneur, a dit avec raison Chateaubriand, s'était réfugié sous les drapeaux; il se réfugiera dans les cabinets des hommes d'*affaires*, qui se prépareront, sans le savoir, à être véritablement des hommes d'*État*. Les maréchaux de l'époque prochaine seront des hommes qui devront connaître les relations commerciales et industrielles des peuples, comme ceux de l'Empire devaient connaître l'infanterie, la cavalerie, l'artillerie, les différentes armes; car il s'agit de *l'alliance des peuples*, de l'organisation pacifique de la race européenne au moins. La grande tâche ne sera pas de marcher vers cette association par la conquête, mais par la conviction et par la réciprocité de bons services, par l'échange productif des deux côtés. Nous sommes sur la limite de la phase révolutionnaire proprement dite, nous arrivons au complet gâchis qui en est la suite, et qui s'est appelé Directoire; nous ne sommes donc pas loin de l'entrée en campagne organisatrice.

Il doit y avoir prochainement un remaniement ministériel; Thiers voudra absolument dissoudre les 221; il cherchera donc, parmi eux, deux bonnes ames capables d'entraînement, et ce sera la fin de la comédie; c'est à dire qu'au moment où les 221 se seront laissés corrompre, la Chambre sera en complète déconsidération, parce qu'elle commencera à se déconsidérer elle-même. Le jour où les 221 seront tout-à-fait en colère, vous verrez les jolis compliments que l'on se jetera à la face, en pleine Chambre. Lamartine a parlé de dictature cette fois, mais le jour où M. Thiers aura démoli les 221, vous écouterez ce qu'ils diront; ils seront capables de demander la mise en jugement du dictateur; et M. Thiers deviendra pâle, jaune, vert, et son règne sera fini.

Mais pourquoi détruire cet homme, direz-vous? Vous avez bien raison, si vous voulez dire qu'il ne doit pas tomber sans que ses adversaires sachent, par l'expérience du passé, où ils vont eux-mêmes après cette chute; il faut qu'il soit détruit, non pas seulement pour le détruire, mais avec la conscience que ce petit Robespierre a dit vrai, quand il a dit qu'après lui on ne pourrait pas gouverner; il faut que Lamartine renverse ce soi-disant dictateur, avec la certitude que c'est la venue du Directoire qu'il favorise; la venue de l'anarchie la plus vénale et la plus scandaleuse, la venue d'un ministère Polignac, et qu'il soit le premier à le dire, le lendemain même de sa victoire; c'est le moyen de faire durer le moins de temps possible cette dernière phase inévitable de toute révolution Notre 93 n'a eu que trois jours de terreur, en 1830; ce sont les *glorieuses* journées; il faut que nos années de Directoire se bornent à quelques mois, s'il est possible. Le premier cri a été: *A bas le dictateur!* Après cette chute, il faudra que le cri soit: *Gare le Directoire!* — Barras! Barras! toi qui as deviné et fait surgir Napoléon, où es-tu? — Ne serait-il pas un peu dans un petit coin de l'ame de Lamartine?

POLITIQUE GÉNÉRALE.

XIII.

Bone, juillet 1840

Mon cher ami,

Il y a bien des gens à qui je serais tenté de dire : Savez-vous, Messieurs, pourquoi Dieu ne vous donne pas de pouvoir ? ce n'est pas seulement parce que vous ignorez ce qu'il faudrait faire pour gouverner, c'est surtout parce que vous ne savez pas ce qu'il faudrait faire *immédiatement* pour *attirer* à vous ceux qui doivent vous aider à gouverner, et pour *repousser* ceux qui pourraient vous faire obstacle.

En deux mots, il faut avoir sa petite *Charte* en poche, et son petit *acte* à faire, pour bien comprendre et voir de suite ce que pensera et fera celui qui prétend au gouvernement des hommes. Voyez M. Thiers, il a dit : le roi règne et ne gouverne pas, et il a fait venir, à l'appui, les cendres de Napoléon qui était un roi régnant et gouvernant. Personne n'a pu s'y méprendre ; chacun a bien compris que M. Thiers voulait gouverner, tandis que le roi règnerait. Je ne dis pas que cette prétention le fasse vivre, mais j'affirme que cette prétention l'a fait naître.

Or, M. Arago n'a pas inventé la Charte en question ; il n'est pas inventeur de sa nature; mais il l'a rencontrée sur la voie publique, où nous l'avions vue bien avant lui, où nous avions aidé bien des gens, depuis longtemps, à la voir, où Lamartine l'avait sentie avec son bel instinct de poète, bien avant que M. Arago l'ait raccrochée du bout de son télescope.

Organisation du travail, telle est en effet la *Charte* du pouvoir qui succédera au Directoire actuel ; quant à l'*acte* qui correspondra à cette Charte, ce ne sera pas un rappel de cendres, je vous assure, mais le rappel de bons vivants qui ne demandent pas encore leur logement aux Invalides.

Hâtez-vous donc, messieurs, de dire à M. Arago, que vous connaissez son affaire, que vous savez où il l'a rencontrée, qu'elle est vôtre aussi bien et mieux que sienne; priez-le toutefois de l'exposer, de la vulgariser, car c'est là son fort ; mais ne vous tenez pas à l'écart, et ne lui laissez pas prêcher SA *découverte*, sans rectifier l'illustre académicien ; prenez garde aux erreurs de l'homme qui n'a pas l'ombre d'imaginative. Il est bon que toute grande pensée ait sa forme grossière, populassière, mais il lui faut aussi sa forme royale et noble, il faut en tout prose et poésie.

Je serais très content de la lettre que notre ami X*** vous a écrite, s'il avait la franchise de dire à beaucoup de monde, et même en public, ce qu'il vous dit tout bas et en particulier. J'aimerais bien mieux lui entendre dire, à la tribune : M. Thiers est un escamoteur, que d'entendre dire par Lamartine : à bas le dictateur ! d'abord parce que c'est plus juste, ensuite parce que c'est moins parlementaire. X*** prétend qu'il faut avoir l'échine très-souple ou savoir *prendre un parti et attendre ;* je crois qu'il a voulu mettre : ou savoir prendre le parti d'attendre, car la question que vous lui adressiez était précisément pour savoir quel parti il avait pris, et sa lettre n'en annonce aucun, si ce n'est celui d'attendre, le plus mauvais de tous les partis, quand on s'intéresse au sort des hommes qui sont dans la même mêlée que vous, mais le meilleur, en effet, quand on ne songe qu'à soi dans une foule, parce qu'on a plus de sang-froid, et qu'en raidissant les coudes on enfonce les côtes de son voisin et on garantit les siennes. Cela ne s'appelle pas précisément de la bravoure, et pourtant notre ami est d'une nature brave; voyez ce que peut produire le perfide breuvage du parlementaire ; c'est un vrai poison.

Mais avec quoi remplacer le parlementaire, dit X***, comme tant d'hommes distingués disaient, il y a 45 ans ; avec quoi remplacer le Directoire ? Certes les maréchaux Lefèbvre, Lannes, Murat, Berthier ne savaient pas avec quoi on remplacerait le Directoire, mais ils avaient l'instinct d'embrasser la carrière qui les conduirait là où était le changement voulu, et ils ne se bornaient pas à *attendre*, ni même à remplir un rôle dans ce qui se nommait alors le gouvernement ; ils étaient soldats, et lieutenants de Napoléon.

En ce moment, il ne s'agit ni de se faire soldat, ni même de mettre brutalement à la porte pairs et députés ; mais si, comme le dit encore notre ami, *le pays en a pour longtemps, avant d'avoir perdu cette grande illusion dite monarchie représentative*, c'est parce que les hommes comme lui n'ont pas le courage de dire ce qu'ils en pensent, et qu'ils font sur ce sujet de fort jolies lettres intimes, tandis que leur langage et leur conduite, en public, les font prendre pour de vrais pontifes du culte de la grande illusion. Voilà pourtant l'occasion de se montrer brave, de sauver la patrie, de mériter le titre de maréchal, enfin de se mettre dans la position où étaient, relativement, les vainqueurs d'Italie et les héros des Pyramides. Qui ne risque rien n'a rien, est un sage proverbe ; le Français né malin, qui créa le vaudeville, ne donne son cœur qu'aux héros ; or, je le demande à X***, à Lamartine et autres, quel est le dénouement héroïque qu'ils se proposent de donner à leur carrière actuelle ? en d'autres termes, que peut-on se proposer de grand, de noble, de courageux, de généreux, quand on est l'une des causes d'une grande illusion populaire, si ce n'est de prononcer un solennel *meâ culpâ*, quand bien même on devrait y perdre momentanément la faveur populaire, et pour toujours les grâces frauduleuses des escamoteurs ?

Tant que les hommes d'avenir n'auront pas trouvé le moyen de mériter ce que méritèrent autrefois les braves qui, au péril de leurs jours, et au milieu des privations et des fatigues, délivraient la France de ses ennemis et répandaient au loin la gloire de son nom, je soutiendrai que les républicains auront plus de chances que qui que ce soit de gouverner la France. Ce qui tue le juste milieu, les 221, *les Débats*, c'est leur réputation de couardise ; et n'entendez pas par là, je vous prie de le croire, qu'on exigerait des preuves de courage *militaire* de ce côté. La sphère du courage, de l'héroïsme, est large ; il y a de quoi choisir parmi toutes les zônes qui la couvrent ; mais il faut y avoir sa place, surtout dans des moments comme ceux-ci, lorsqu'on veut être instrument puissant des destinées humaines.

Bien des gens ont reproché aux hommes de Napoléon de n'avoir eu que du courage militaire, et d'avoir manqué de courage politique ; mais que dira-t-on, un jour, de nos hommes *politiques*, s'ils manquent même du courage de leur profession ? Il ne faut pas gâter sa position, est une locution fort commode, au moyen de laquelle un général pourrait, à la rigueur, s'excuser de passer sa vie dans son lit. Le député qui dirait : Si je déclare aux électeurs ce que je pense d'eux, ils ne m'éliront pas, et j'aurai gâté ma position ; le grand fonctionnaire public qui se trouve très-bien placé pour rendre des services, et qui ne s'aperçoit pas que le plus grand service qu'il puisse rendre est quelquefois de se faire révoquer, destituer, casser, mettre à la porte ; le poète qui veut à toutes forces les applaudissements de son auditoire, et qui, comme Lamartine, dans les réunions des 221, l'année dernière, n'a su trouver que des paroles louangeuses pour le juste-milieu, quand il avait de dures vérités à lui dire, tous ces hommes font comme le général qui resterait dans son lit. Encore une fois, tout ceci peut être commode, mais ce n'est pas de la loyauté et du courage politiques. Je suis certain que si Lamartine avait dit tout ce qu'il pensait du parlementaire, il aurait été hué par la majorité, et peut-être par l'unanimité des 221. Moi-même, je suis certain que si vous montrez ce que je vous écris à Lamartine et à X..., ils me trouveront fort injuste ; j'en serais très peiné, car vous savez que je tiens à leur estime et à leur affection ; mais le temps du mensonge touche à sa fin, nous approchons d'une action vraie, d'une politique franche et courageuse, et nous ne devons pas nous-mêmes être des escamoteurs de la vérité.

Je ne comprends pas très-bien pourquoi X... vous dit que l'association de tous au profit de tous est une très-belle théorie, mais qu'il n'y a que de l'eau à boire à la prêcher, puisqu'il ajoute que ceux qui la prêchent ne se contentent pas de boire de l'eau. Il y a là une petite confusion, tenant à ce que la belle théorie, dont il parle, est celle qui est prêchée par MM. Arago, Laffitte, Garnier-Pagès, etc., or ceux-ci ne prêchent, sous le nom d'association, que l'exploitation des chefs par les inférieurs, des riches par les pauvres, des vrais savants par les vraies brutes, car c'est ainsi qu'ils entendent la souveraineté du peuple et l'association. Les hommes qui ne veulent pas l'exploitation d'une portion de la société au profit de l'autre, doivent donc se hâter de compléter et rectifier M. Arago, c'est-à-dire de rattacher son morceau de théorie, arraché de la véritable belle théorie, au vêtement dont M. Arago n'a qu'un fond de culotte de sans-culotte. C'est parce que M. Arago se pare de quelque chose qui ressemble à une des pièces d'un bel habit, qu'il faut se défier de lui, et c'est par la même raison que lui-même se défend comme un beau diable d'avoir pris l'habit d'autrui.

Mais j'admets qu'il y ait, en ce moment, une belle théorie à prêcher, et que cette théorie ne procure à ses prédicateurs que de l'eau bourbeuse et saumâtre, comme celle des puits du désert de Suez; vous conviendrez que pour ceux qui n'ont jamais eu l'honneur de suivre Napoléon en Italie, en Égypte, en Russie, et qui, depuis 25 ans, n'ont pas eu une seule occasion de risquer un cheveu de leur tête et un écu de leur poche pour la *patrie*, vous conviendrez, dis-je, que ce serait uue belle occasion à saisir, pour s'écrier : Et moi aussi, je suis un brave!

Beaucoup d'hommes, aujourd'hui, disent plus ou moins chaudement : nous sommes dans une époque d'égoïsme, il n'y a plus de forte croyance, chacun ne songe qu'à soi; plus de devoir, plus de dévouement, etc. C'est très-beau à dire, sans doute, mais si l'on reste soi-même sans foi, sans croyance, sans règle de devoir, sans dévouement, et craignant de boire de l'eau, on ne traversera ni Arcole ni Lodi, on ne montera pas aux Pyramides, on ne sera pas maréchal de la France nouvelle, on passera vite à l'oubli, comme l'illustre Lamourette, ou tout au plus comme le sénateur de l'Empire, Cochon, comte de l'Apparent.

Les hommes qui donnent encore force au *parlementaire*, quand ils ont la conviction qu'il est pourri, retardent ainsi la naissance de l'ordre qui doit succéder au désordre actuel. Quand on a valet et cuisine, argent en poche et croix à la poitrine, pied au conseil et main à la pâte, la peur de perdre ses places, son argent et son valet de chambre, est mille fois pire que la peur des balles.

Bien peu de personnes se rendent compte de ce qu'est, et surtout de ce que doit être la politique française, à l'intérieur aussi bien qu'à l'extérieur. Pour le prouver, je reprends ma comparaison avec le Directoire. Alors, comme aujourd'hui, la politique n'était pas où on la croyait. Barras, Rewbel, Letourneur et leur illustre collègue Lepeaux, ne se doutaient pas de la politique qui se faisait sous leurs yeux, et qui était bien réellement la politique du temps; ils croyaient que la politique française était, à l'égard de l'étranger, de *défendre* la France, tandis que Napoléon savait très-bien que pour défendre la France il fallait *envahir* l'Europe, et il commençait déjà cette manœuvre qui était la vraie politique, pleine d'actualité. Aujourd'hui la politique extérieure de la France, qui, grâce à la Révolution française est devenue politique européenne, est regardée encore, par presque tout le monde, comme ayant pour but de trouver un certain nouvel équilibre entre les puissances européennes, à propos, il est vrai, d'une question orientale, musulmane; et cependant la *politique* actuelle, réelle, c'est l'expansion de toute l'Europe sur le pays d'Islam, et même plus loin, et les hommes qui pratiquent cette manœuvre font la vraie politique actuelle, non pas celle qui *devrait être*, celle *qui est*. Si le gouvernement français n'aborde pas les Cabinets étrangers avec cette pensée, s'il fait avec l'Autriche, la Prusse, l'Angleterre et la Russie, une politique qui ne soit pas algérienne, égyptienne, stambouline, il fera du bavardage politique, et rien de plus.

La lettre de M. de Boismilon m'a fait un grand plaisir : Voici donc l'œuvre de travail, de culture et d'industrie, l'œuvre de civilisation, annoncée, promise à l'Algérie. Le prince ne considère sa campagne de Médéah que comme un prélude nécessaire de l'organisation pacifique de notre nouvelle France; c'est par conséquent une ère tout-à-fait nouvelle qui va commencer bientôt pour l'Algérie, et qui préparera la rénovation semblable, réclamée par la France elle-même.

Je crois à tout cela, parce que j'aime à y croire; mais combien d'obstacles cette bonne résolution ne va-t-elle pas rencontrer? L'immense majorité des hommes, qui s'occupent de l'Algérie, n'y ont vu jusqu'ici qu'une large voie d'avancement militaire, et il faut être aussi haut placé que le prince, pour être prêt immédiatement à la paix, quand on sort d'un champ de bataille.

Je n'ai rien reçu de Quinet; ses lamentations ne m'étonneront pas; certains prophètes français peuvent s'inspirer de Jérémie, car la France sent tout autant le cadavre que le lait d'enfant. Il faudra bien, d'ailleurs, qu'elle ait sa part, elle, la grande nation prophétique, de la destinée de tous les prophètes : son humiliation, sa croix. Mais sur le sort des prophètes, je trouve qu'il n'est pas plus décent de pleurer que de rire ; c'est avec des chants calmes et solennels qu'on célèbre leur vie. Jérémie chantait, comme devait chanter le prophète d'un peuple, non comme doit chanter le prophète de l'humanité. Qui donnera de l'eau à ma tête, et à mes yeux une fontaine de larmes, disait le fils d'Helcias ; et il pleurait nuit et jour les enfants de la fille de *son peuple ;* et il voulait fuir *ce peuple* d'adultères et de violateurs de la loi, le fuir au désert, jeter de grands cris sur les montagnes..... et il *maudissait !* Qui voudra pleurer devra maudire; sans cela ses larmes tomberont froides : mais qui maudit aujourd'hui, n'est pas prophète; c'est un poète des anciens jours, qui ne sait rien de l'avenir; c'est, comme Ballanche disait de de Maistre, un prophète du passé.

J'ai lu trois articles de Lamartine dans la *Presse ;* ce que j'ai de mieux à faire, c'est de ne vous en rien dire. Celui-là aussi oublie qu'il est prophète, et même qu'il est poète : *Aliquando bonus dormitat Homerus.*

POLITIQUE GÉNÉRALE.

XIV.

Alger, 7 septembre 1840.

MON CHER AMI,

Je suis assez d'accord avec vous sur le tableau, que vous me faites, de la grande politique universelle, qui occupe, à si juste titre, les esprits élevés ? Cependant, il me semble que vous avez vu ce tableau un peu trop par le côté grossissant de la lunette, par son côté royal, princier, diplomatique. Le canon est encore la dernière raison des rois, des empereurs et des ministres, mais décidément ce n'est plus la dernière raison des peuples, et malgré l'autocrate du nord, le grand batailleur, les peuples ont voix aux affaires. Il faut bien armer, sans contredit, puisqu'il y a des rois batailleurs, mais il vaut encore mieux compter et s'appuyer sur la *raison des peuples*, ou du moins faut-il mener les deux choses de front, si l'on veut être grand dans notre siècle.

Je repousse donc de toutes mes forces cette pensée, que l'époque actuelle est incompatible avec les idées de travail, et qu'elle doit absorber entièrement l'homme sous le schako. Même pour que le bon peuple de France fasse bien la guerre, il lui faut autre chose dans l'ame que le désir de se venger d'un soufflet (il lui est même permis de le considérer comme donné à ses maîtres plus qu'à lui); il a besoin de sentir, dans la cause qu'il soutient, SA PROPRE cause et celle de tous les peuples. Il a été beau soldat sous l'Empire, parce qu'il était animé d'une passion de ce genre; il sentait qu'il avait conquis sa dignité d'homme, qu'il avait proclamé l'égalité de tous, quelle que soit la naissance et en raison seulement du mérite; il tenait à défendre ce droit, que les rois de l'Europe voulaient lui reprendre, et à en doter tous les peuples, ses frères. Certainement, on dira au peuple que c'est encore sa conquête de 89, qu'il faut défendre; que Nicolas est un Cobourg et Palmerston un Pitt; mais c'est du vieux, le peuple n'est pas si niais; il sait très-bien que c'est chose jugée, finie, acquise, et que si Henri V revenait à la queue de Nicolas, il serait forcé d'être plus libéral que Louis XVIII, revenant d'Angleterre.

Depuis 1830, il y a quelque chose de neuf dans le monde, comme il y avait du neuf en 1789. Plus petit ou plus grand, ce n'est pas la question, il y a du neuf. Après un effort de restauration, de retour au *passé*, tout-à-fait impuissant, il y a eu un élan vigoureux vers l'*avenir*. Voilà ce qu'il s'agit de sentir, de développer et d'utiliser politiquement, comme on a utilisé la *liberté*. Cet élan vers l'avenir, c'est ce qui a fait donner au temps actuel, ironiquement ou autrement, son nom de siècle *industriel;* c'est ce qui a fait dire de notre gouvernement qu'il voulait la *paix à tout prix;* c'est ce qui a fait les émeutes de Lyon et même celles de Paris, car l'ouvrier est là aussi; c'est ce qui a mis Laffitte et Périer, *banquiers,* à la tête du mouvement de 1830; c'est ce qui a créé les chemins de fer, les bateaux à vapeur, et c'est ce qui a *fait de la réduction de la rente et de la loi des sucres* des questions de la plus haute politique, des écueils où viennent échouer les ministères; c'est enfin ce qui nous a donné un roi bâtisseur, constructeur, plus *producteur* que jamais roi n'a été.

Cet élan vers l'avenir empêchera la guerre. Voyez ce que pense déjà la masse de notre population laborieuse, de la charge à laquelle nous condamne la vengeance de notre coup d'éventail d'Alger; et pourtant il ne s'agit ici que de quelques 30 à 40 millions annuellement, avec quelques milliers d'hommes; que serait-ce donc, s'il s'agissait d'une guerre européenne, à la Napoléon, à un million et mille hommes par jour? Certes la France ferait encore une pareille guerre, jusqu'au dernier homme, jusqu'au dernier écu, si le motif était nettement senti, s'il répondait à quelque chaude passion de notre brave peuple; je crois même qu'aujourd'hui, tous nos prolétaires se lèveraient en masse, si on leur disait : Les Anglais veulent vous *empêcher* d'aller aux Indes par l'Égypte, et les Russes vous *défendent* d'aller en Perse par l'Asie mineure.—M'empêcher! me défendre! Qu'est-ce que c'est que ces goddam et ces cosaques? je m'en vais leur en donner de l'Inde et de la Perse, et de la Chine! — A la bonne heure, je conçois cela. Mais je réponds que si le motif de la guerre était ainsi posé, la guerre serait infaisable, parce que la solution *industrielle* de cette grande question politique serait immédiatement découverte par le plus ignorant ouvrier ou paysan qui dirait : Allons faire un canal chez Méhémet et un chemin de fer chez le Sultan.

En d'autres termes, je soutiens que si, pour notre époque éminemment industrielle, notre gouvernement a la sagesse de ramener la question politique à une question de commerce, de liberté de parcours et d'échange, et en même temps *d'indépendance* des peuples (car nous avons toujours dans le cœur le souvenir de Mirabeau promettant à tous les peuples que notre glorieux drapeau *d'indépendance nationale* ferait le tour de la terre), je soutiens, dis-je, qu'en s'appuyant sur le sens industriel, sur la raison pratique de l'homme d'affaires, on ruinera toutes les ruses de la diplomatie de chancelleries, et l'on sera compris par le peuple, par l'ouvrier; que si même alors il faut se battre, l'ouvrier prendra son fusil et aura du cœur à l'œuvre.

Je sais tout ce qu'un pareil langage peut avoir d'apparence anti-chevaleresque, mais il est vrai. Je ne me fais pas de notre monde actuel une idée autre que celle qu'il comporte, je ne fais pas d'utopie; je regarde nos Chambres, notre garde nationale, nos électeurs, la Bourse, la presse, et je dis : si vous ne songez qu'à l'honneur, ne comptez pas sur tout ceci.

Peut-être, si vous ne songiez qu'à l'honneur, pourriez-vous vous passer de *tout ceci*, mais à quelle condition? Il y a derrière *tout ceci* une masse, un peuple qui n'a pas *d'intérêts* et qui est sensible à l'honneur. Oh! si vous étiez *son homme*, s'il vous savait ami de sa vie pénible et misérable, s'il vous voyait dans ses ateliers, à sa tête, sur ses grands chantiers, beau, fier, noble et bon, comme vous l'étiez, prince, au retour des Bibans, sur la table de votre dîner monstre, ce peuple vous suivrait au bout du monde, non-seulement pour venger *son* honneur, mais pour venger le vôtre.

Ce sont donc les sentiments et les besoins nés dans notre époque, qu'il s'agit de *codifier*, *d'enseigner*, *d'administrer*, sentiments et besoins du *travail* et de la paix, comme ceux de la première révolution étaient ceux de la *liberté* et de la guerre. Le code de l'ouvrier est plus important à faire, que le code militaire n'est important à perfectionner ; les écoles d'industrie commerciale, manufacturière, agricole, sont à créer, tandis que les écoles militaires ne réclament que quelques élèves de plus ; enfin la question des livrets et des prud'hommes, récemment soulevée, est plus grave que celle des fusils à percussion.

Pour donner à notre siècle la confiance qu'on ne fait pas la guerre par caprice, qu'on ne la continuera pas par goût, qu'on ne s'y livre pas comme à une passion exclusive ou même dominante ; pour avoir son assentiment, son appui, en deux mots, pour obtenir son sang et ses écus, il faut aujourd'hui, qui pourrait en douter ? un gage industriel au moins aussi net que celui donné par Napoléon lui-même au peuple, lorsque, proclamant le *blocus continental*, créant les fabriques de *coton* et de *sucre*, et les grandes *fonderies*, il s'appuyait, au faubourg Saint-Antoine, sur Richard Lenoir, à Jouy, sur Oberkampf, à Elbeuf et Louviers, sur *Ternaux*, à Saint-Quentin, à Rouen, à Lille, à Roubaix, et même dans toute la Belgique, sur une masse de travailleurs qu'il enfantait. Et ce sont ces mêmes ouvriers, ses *créatures*, qui lui envoyaient à ses armées, leurs frères, leurs enfants, pleins d'enthousiasme, élevés, dans la famille, à l'amour et à l'admiration du grand défenseur de l'*industrie* française contre la *mercantile* Angleterre.

Moi, qui ai le ferme espoir que nous n'aurons pas la guerre européenne, universelle, j'aime à citer ce que Napoléon lui-même a fait pour pouvoir exécuter sa grande guerre ; or, lorsqu'il est venu, il trouvait Bordeaux, Marseille, tous nos ports de commerce dans un triste état, et le Hâvre n'était pas né ; il trouvait Lyon sortant à peine de ses ruines, et Saint-Etienne sous terre ; Paris n'avait que cinq à six cent mille âmes, fatiguées de révolutions, population peu productive, n'ayant pas plus l'idée de l'existence de l'Amérique qu'avant Christophe Colomb. Aujourd'hui combien d'intérêts à blesser par la guerre ! Que de ruines à faire ! par conséquent, si l'on veut guerroyer, combien il faut songer d'avance aux compensations ou aux palliatifs qui permettraient de toucher à ces vivants intérêts !

Voyez aussi nos patriotes, radicaux, réformistes, puisqu'il faut les nommer par leur nom : ceux-ci ne voudront la guerre que si on lui donne un caractère de propagande révolutionnaire, ce qu'on n'a certes pas l'intention de faire ; et alors, quelle action croyez-vous qu'ils exerceraient sur les *prolétaires*, le jour où un premier coup de canon serait tiré ? le gouvernement les surveille, les maintient et les craint pendant la paix, comment s'en défendra-t-il pendant la guerre, s'il ne se hâte pas de leur fermer l'oreille et le cœur du prolétaire ? Vous qui connaissez Lyon, que pensez-vous du jour où les fabricans diront : la mer est fermée, plus d'Amérique, arrêtez la navette ?

Mais pourquoi rester si longtemps à raisonner, comme si nous ne pouvions pas éviter la guerre ; supposons un moment qu'elle n'ait pas lieu ; non seulement ce sera une faute d'y avoir trop *cru*, puisque l'événement démentira la prévision, et que les hommes forts doivent toujours avoir la réputation d'être un peu prophètes ; mais ce sera surtout une très-grande faute d'avoir *agi* seulement en vue de la guerre.

Aujourd'hui la vieille formule : *Si vis pacem, para bellum* est complètement changée ; la sagesse des peuples dit aux rois belliqueux : *Si vis pacem, para pacem.* On sait fort bien que la guerre n'enrichit plus, et que pour la faire, il faut des écus ; celui donc qui croit devoir la faire et qui néglige la source aux écus, n'est pas au niveau de notre siècle.

Mais, direz-vous peut-être : « Il n'y a rien là de pratique ; c'est très-bon de dire qu'il faut s'occuper du *travail*, mais que faut-il faire? » Avant de faire quelque chose pour l'industrie, il faut connaître l'état-major industriel et s'être assuré de ce qu'il peut faire, comme Napoléon connaissait les généraux qui l'entouraient au 18 brumaire et qui ont organisé sa grande armée. Le 18 brumaire, Napoléon ne savait pas qu'en 15 années il prendrait Vienne, Berlin, Madrid, et Moscou ; mais il avait déjà sous la main ses preneurs de villes. Où est l'état-major industriel? Autour de qui gravite-t-il? Quel est le soleil qui entraînera ces planètes dans leur orbite, pour constituer le monde futur? Voilà ce qu'il faut savoir, voilà ce qui est pratique, politique, positif.

J'espère que vous ne me faites pas l'injure de croire que mes planètes industrielles s'appellent Fould, ou même Rothschild; ce n'est pas là de l'industrie, c'est du jeu: ceux-là n'entourent que trop le pouvoir, et l'étoufferaient pour une différence de 50 centimes.

Mes planètes, ce sont les hommes types qui *représentent* réellement, par toute leur vie, l'industrie d'une ville, d'une province, d'une branche entière du travail humain, et ceux aussi qui ont, pour ainsi dire, incarné en eux les grands travaux d'industrie publique, tels que les routes, les canaux, les ports, la construction des vaisseaux, les mines, ou bien ceux encore qui sont l'expression nette d'une des relations commerciales de la France avec un peuple étranger.

Voici les hommes avec lesquels il y a toujours à apprendre et toujours à faire; voici même ceux avec lesquels il est très-bon de parler guerre, parce que leur intérêt et leur expérience leur font découvrir vite les moyens de l'éviter, et parce que, si, en définitive, on fait la guerre, ce sont encore eux qui la paient; voici, en un mot, les vrais *aides de camp* d'un roi futur de France.

Or, quel est, aux Tuileries, le rang assigné spécialement au travail pacifique? quelle est l'importance d'un bourgeois visiteur, à côté de l'influence quotidienne des *militaires aides de camp?* M. de Rothschild lui-même n'y est pas comme banquier, il y est comme consul-général d'Autriche, baron de Rothschild. D'un autre côté, nos princes sont généraux, entourés de généraux; ils ne sont encore *que* des militaires, ce n'est pas assez; Napoléon lui-même avait senti qu'il était bon d'être *membre de l'Institut*, parce que la science devait jouer et a joué sous son règne un rôle presque égal à celui qui se prépare pour l'*industrie*. Monge, Berthollet, Laplace, Chaptal, Fourcroy, Lacépède, Delambre, Cuvier, ses illustres *collègues*, étaient souvent à ses côtés.

Dieu me garde de dire que notre époque ne fait pas la place belle aux savants; il est vrai, à d'autres savants, à une autre académie; MM. Thiers, Cousin, Guizot, Mignet, Dupin, Molé, n'ont pas à se plaindre. Des mathématiques et de la physique nous sommes passés à la métaphysique et à la philosophie, et des mécaniciens aux avocats ; y a-t-il progrès ?

Le fait est que depuis la fondation de l'académie des sciences morales et politiques, expression très-nette de puissances nées sous la Restauration, et qui règnent encore aujourd'hui dans leur plus brillant représentant M. Thiers, je ne vois pas qu'il reste d'autre académie à imaginer, que celle où l'on s'occuperait des choses qui remplissent la vie des neuf dixièmes au moins de la race humaine, je veux dire une académie *d'industrie agricole commerciale et manufacturière.* On sait la machine à vapeur aujourd'hui, aussi bien que les élèves de M. Cousin connaissaient le moi et le non-moi ; on fait des ponts et des chemins de fer, comme les disciples de M. Guizot et de M. Royer-Collard faisaient des arguments sur la *bascule* de l'ordre et de la liberté ; en d'autres termes, les hommes forts sont ingénieurs, industriels, commerçants, tandis qu'ils étaient, en 1835, étudiants en droit et à peine avocats et journalistes ; or, le présent peut être encore aux avocats et aux journalistes, mais certainement l'avenir n'est pas à eux. M. Thiers l'a dit : après moi, gouvernera qui pourra ; ce qui veut dire : après moi il n'y a pas d'avocat, journaliste, littérateur, rhéteur qui puisse gouverner. Cela est très-vrai.

Je me résume. Sommes-nous donc destinés à osciller toujours d'un extrême à l'autre, et à vouloir, tantôt la paix à tout prix, et tantôt la guerre à tout prix ? C'est Nicolas, dites-vous, qui la veut à tout prix ; pas du tout, car vous ajoutez qu'il la veut par ce qu'il croit n'avoir qu'à y gagner ; mais nous qui savons le prix qu'elle nous coûterait, quoique M. Thiers prétende que Lyon n'a rien à en craindre, nous qui risquons tant, et qui le savons, nous qui n'avons *rien* à y gagner, pas même la révision des traités de 1815, qui ne se réviseront qu'à force de paix et non à force de guerre, n'est-ce pas, sinon vouloir, au moins faire la guerre à tout prix, que de suspendre entièrement, pour ne songer qu'à elle, les questions d'ordre pacifique ?

Un changement de ministère à Londres ; l'espoir qu'aura M. de Metternich et le désir qu'il en manifestera, de voir mettre de côté M. Thiers, aussitôt après la chute de Palmerston ; une convention amiable entre les puissances pour établir un passage commun à *toutes*, à Suez, et pour assurer à *toutes* une complète liberté d'action dans la Mer-Noire et l'Asie-Mineure; enfin, la répugnance anglaise et française à la guerre, ou mille autres causes encore, peuvent arrêter et arrêteront un conflit sanglant et général ; et si, malgré tout, il nous reste encore un ennemi, nous l'enverrons promener sans nous gêner.

POLITIQUE GÉNÉRALE.

XV.

Alger, octobre et novembre 1840.

Mon cher ami,

J'ai lu les journaux, jusqu'au 10, et je trouve que la partie jouée par M. Thiers contre M. Guizot et Louis-Philippe devient assez délicate. M. Molé et Lamartine, le journal *la Presse* et *les Débats* vont avoir fort à faire après l'ouverture des Chambres ; mais tout cela est encore le vieux combat que nous connaissons ; c'est toujours : *le roi règne et Thiers voudrait gouverner ;* cela ne dit pas ce que doit faire celui qui gouvernera, roi ou Thiers ; cela ne met pas au jour une seule idée nouvelle de gouvernement.

En effet, ce n'est pas de l'apparition d'une *idée* que la politique actuelle est grosse, l'idée roule déjà dans le monde ; c'est un événement, un *fait* qui va naître, comme 1830 a été un fait préparé par l'idée de *haine du passé*, qui roulait à travers la Restauration. De même, aujourd'hui, il y a un fait préparé par l'idée de *recherche d'avenir*, qui va surgir. Depuis 1830, cette aspiration vers l'avenir a caractérisé le mouvement intime, profond, réel, et non apparent et officiel de la société ; c'est ce désir du *neuf*, et non la haine du *vieux* qui va éclater. Si le duc d'Orléans ne monte pas à l'assaut, s'il ne prouve pas que lui aussi est *de ce temps*, et qu'il a le sentiment du *neuf*, encore une dynastie noyée.

Nous marchons vers un règne de *jeunesse* ; il arrivera forcément ou par cession volontaire ; depuis vingt-cinq ans, nous vivons sous le gouvernement des pères et grands-pères des hommes qui ont eux-mêmes 25 ans aujourd'hui, et surtout sous l'empire des principes politiques de ces pères et grands pères ; ils n'ont su que restaurer ou démolir le passé, et la génération actuelle a besoin de fonder, de construire un édifice nouveau. Elle a besoin même de discuter le plan de cet édifice, de lutter contre ou pour tel ou tel avenir, d'agir pour ou contre lui, mais enfin d'agir en vue de lui.

Je le répète, si le duc d'Orléans n'est pas à la brêche, s'il attend qu'on lui donne une armée à commander, si, comme prince, comme pair, comme citoyen, il ne se montre pas tel qu'il s'est montré comme soldat, s'il n'est que général, ILS SONT PERDUS !

Il est cruel d'être en Afrique, cher ami, quand la France se trouve dans une tempête comme celle-ci. Les courriers deviennent en ce moment d'un intérêt si vif, que mon départ d'Alger m'en paraît moins agréable encore ; il me faudra maintenant trois semaines, un mois, avant d'avoir des nouvelles de ces grandes affaires, qui occupent, en ce moment, le monde, et qui ont placé la France dans la position la plus critique où elle se soit trouvée depuis 1791 : seule en Europe et désunie dans son intérieur !

Le memorandum de M. Thiers m'a paru une réponse fort habile à celui de lord Palmerston, mais habile comme un plaidoyer où l'avocat n'a d'autre but que de mettre son adversaire dans son tort, sans faire attention si, pour atteindre ce but, il ne gâte pas sa partie vis-à-vis d'autres adversaires, intéressés au même débat. En rappelant publiquement à l'Angleterre que la politique franco-anglaise, depuis dix ans, a eu pour but unique *d'empêcher* la Russie de marcher vers Constantinople ; en mettant au grand jour la proposition faite par l'Angleterre, dans ce but, de s'emparer des Dardanelles, on réfute bien la prétention au *statu quo* de l'empire ottoman, et de plus, on tend à indisposer la Russie contre l'Angleterre ; mais que fait-on pour la France ? Dans un memorandum semblable à l'Autriche ou à la Russie, M. Thiers ne serait-il pas obligé aussi de rappeler publiquement, que toutes nos relations diplomatiques avec ces deux cabinets ont eu pour but *d'empêcher* également l'Angleterre de marcher vers la Syrie et Alexandrie? Ainsi donc, dans un grand débat des trois plus grandes puissances de l''Europe, voici la France qui, après avoir pris l'Algérie au sultan, se pose comme un empêchement à deux tendances russe et anglaise, tendances que l'histoire, la nature, la politique de ces deux nations expliquent et légitiment, et que l'intérêt *universel* réclame.

Pour s'opposer à ce que l'Angleterre envahisse l'Égypte et la Syrie, et à ce que la Russie s'empare de Constantinople et de l'Asie-Mineure, on a fait précisément tout ce qu'il fallait pour amener ce qui arrive aujourd'hui, c'est-à-dire pour réaliser ce à quoi l'on voulait s'opposer. Est-ce impuissance seulement de notre part? je ne le crois pas. Voici les Anglais en Syrie et probablement les Russes à Scutari; pendant ce temps notre flotte est au Pyrée, et notre diplomatie proclame qu'on fait ce qu'elle a essayé, par tous les moyens possibles, d'empêcher!

Cette diplomatie *d'empêchement* a pu servir habilement les Russes contre les Anglais, et les Anglais contre les Russes, pour retarder pendant quelques années le résultat inévitable de ces tendances russe et anglaise vers l'Orient, vers la Perse et l'Inde. Mais aujourd'hui, espérer se tirer d'affaire en brouillant les Russes avec les Anglais, sans rien faire qui puisse rattacher les Anglais ou attacher les Russes à nous, c'est une politique de brouillon et non pas d'homme d'État.

Depuis dix ans, on a affecté de poser la question d'Orient dans des termes qui n'avaient aucune importance européenne, et qui dissimulaient la véritable difficulté; on a parlé de raccommoder le sultan avec Méhemet-Ali, tandis qu'au fond il s'agissait de savoir quelle influence la Russie aurait sur Constantinople et sur la Mer-Noire, et quelle influence l'Angleterre aurait sur l'Euphrate et sur la Mer-Rouge. C'était là vraiment la question *orientale pour l'Europe*, et la vice-royauté héréditaire ou viagère, la possession d'Adana, celle de Saint-Jean-d'Acre, n'étaient que des voiles diplomatiques.

Une question bien posée est, dit-on, à moitié résolue: que devient alors une question mal posée? C'était sans doute à la France, de concert avec l'Autriche, qu'il appartenait de *limiter*, mais non *d'empêcher* ces deux grandes tendances russe et anglaise; et au contraire, l'Autriche aide leur développement exagéré, et la France regarde faire.

Comment, dès-lors, s'en prendre aux autres, à l'Angleterre ou à la Russie, de ce qu'elles marchent dans leur direction naturelle, de ce qu'elles vont où Pierre-le-Grand, où Napoléon savaient qu'elles iraient? Vous n'avez pas voulu débattre avec elles la manière d'y aller; vous n'avez pas voulu vous entendre sur la part naturelle, légitime et universellement utile d'influence quelles devaient prendre en Orient; quand vous saviez que c'était de cette influence qu'il s'agissait, vous leur avez parlé Empire-Ottoman, souveraineté arabe; elles ont écouté dix ans votre babil, puis, lasses d'écouter, elles ont marché?

Si notre politique intérieure est effrayante, c'est par les mêmes causes. La politique *d'empêchement*, porte aussi là ses fruits. Il y a quelques tendances intérieures aussi évidentes, aussi exigeantes, aussi inévitables que celles dont je viens de parler, et faute de savoir diriger, modérer, limiter leur cours impétueux, on risque bien de les voir déborder, en se préoccupant uniquement d'y résister et de les contenir. On a caché aussi, sous des mots d'un autre monde, les choses qui intéressent celui-ci; on a vu des questions politiques, là où il n'y avait que des questions sociales; on a songé aux *républicains*, quand il fallait songer aux *ouvriers*, sans lesquels les plus fameux républicains ne pourront jamais rien faire; on a songé aux *légitimistes*, quand il faudrait songer aux *paysans* qui sont aussi leur seule force; on a organisé des corps *politiques*, quand il faudrait organiser des corps *industriels*; et le pouvoir en est réduit, pour la politique intérieure, au rôle que l'on fait à la France dans la politique générale; il est seul, sans alliés, et bientôt obligé de voir passer devant lui les flots de ces envahisseurs, qu'il ne peut contenir plus longtemps et qui bouillonnent. Comment surtout les arrêter, aujourd'hui qu'on a eu l'imprudence de leur crier : Guerre! qui osera leur dire : Halte! paix! et si, ne l'osant pas, on dit : Eh bien, guerre! quelle épouvantable catastrophe! Dans un an, l'Espagne serait plus heureuse, plus glorieuse que notre pauvre France!

Nous touchons à un de ces grands moments, fréquents dans notre histoire, où les révolutions se font, ou bien où elles avortent, parce qu'une forte pensée d'avenir leur manque ou s'en empare; si rien ne vient transformer la haine *pour ce qui est*, en une passion vive *pour ce qui devrait être*; si les hommes qui ne songent qu'à *détruire le passé*, ne sont pas entraînés à *construire l'avenir* ; si le duc d'Orléans, en un mot, ne se fait pas aimer par les ennemis de son père, c'en est fait de la dynastie. Ce qui est une tactique constante en Angleterre, est une indispensable nécessité, en ce moment, en France ; le prince royal anglais a toujours été le chef de l'opposition, et ce qui a fait grandir démesurément M. Thiers, c'est qu'il n'y avait pas, entre le roi et lui, et plus haut que lui dans l'affection du roi et dans la considération du peuple et des étrangers, un représentant de l'opposition ; c'est que le roi et son successeur, ne s'emparaient pas de la direction *générale* des esprits, des partisans de l'ordre et de ceux de la liberté, de la vieillesse et de la jeunesse, de la pairie et des députés, des hommes qui possèdent et de ceux qui veulent acquérir, de la bourgeoisie et du peuple. N'est-ce donc pas parce que le roi Louis-Philippe était l'opposition de Charles X, que la révolution de 1830 a duré seulement trois jours ?

Arago, à Toulouse, tout en faisant d'assez mauvaise politique, a dit quelques fort bonnes choses ; il est revenu sur sa grande et belle formule : *La réforme est le moyen, l'organisation du travail le but*, et il a ajouté que Turgot avait mal fait de *détruire* les maîtrises et les corporations industrielles ; qu'il aurait dû seulement les *améliorer*. Cet homme a donc dans la pensée une assez bonne partie de la vérité, pour devenir utile, lui qui sera dangereux, tant que le gouvernement n'abordera pas lui-même la question industrielle. Mais comment faire pour que le gouvernement y arrive ? est-ce qu'il faut la *réforme*, c'est-à-dire, mettre le dessus dessous, et le dessous dessus ? Je ne le crois pas encore, mais si l'on tarde je le croirai.

La politique pratique actuelle se résume, je le répète, dans ce que je vous ai déjà dit si souvent sur le duc d'Orléans : si cet héritier présomptif ne se fait pas aimer des ennemis de son père ; si le roi et lui ne s'emparent pas des contents et des mécontents, ils sont flambés.

Maintenant, quelle est l'occasion de pratiquer cette nouvelle politique ? la discussion des Chambres, cette année. Bon gré, malgré, il faut que le duc d'Orléans se mette rondement en opposition avec ce que *l'on croira* être l'opinion de *la Cour*, dût-il défendre M. Thiers et la guerre, (c'est-à-dire les deux plus dangereuses choses du temps actuel) à la tribune de la chambre des pairs, contre la majorité des pairs ; dût-il se faire, jusqu'au bout des ongles, Chauvin pour le moment. Je suis toujours stupéfait de ce que la prodigieuse finesse de son père, et sa connaissance parfaite des procédés anglais, ne l'aient pas encore poussé dans cette voie.

Mais, pour cela, il ne faudrait pas nommer son fils futur comte de Versailles, ou sa fille duchesse ou peut être marquise, (il ne manquerait plus que cela) ; il ne faudrait pas même réclamer pour soi et pour le duc de Nemours l'organisation des bataillons et escadrons nouveaux, et recréer ainsi ou restaurer les colonels généraux d'infanterie et de cavalerie dans la famille ; Thiers leur *laisse faire tout cela, parce qu'il sait très bien que ce sont des fautes*, et il se frottera les mains, le jour où il nommera amiral le prince de Joinville, en songeant au duc d'Angoulême et même à Murat, c'est-à-dire à 1830 et à 1814 qui ont tué Charles X et Napoléon, le père et le beau-frère d'un prince grand amiral. Je suis sûr qu'il s'opposerait de toutes ses forces à ce qu'il prît la fantaisie au roi de marier le duc d'Aumale à une française, à une bourgeoise, lui, le petit bourgeois, parcequ'il est parfaitement convaincu que ce serait un des grands et nobles moyens d'en finir avec la révolution.

Que le duc d'Orléans essaye de se mettre à la tête du mouvement industriel et d'écraser ainsi Arago et Laffitte, il verra quelle mine fera M. Thiers.

Je viens d'apprendre les épouvantables dévastations produites par les débordements de vos rivières. Eh bien ! la Saône et le Rhône ne sont que des ruisseaux, comparés aux torrents humains qui grondent ; ces ruisseaux renversent tout sur leur passage ; que sera-ce donc, à la fonte des neiges qui couvrent les vieilles cimes de notre société ; que sera-ce, lorsque les tempêtes seront déchainées et que des pluies d'orage viendront grossir les moindres affluens du grand fleuve ? Certes Guizot et Soult sont taillés dans le roc, mais aujourd'hui, des digues pour contenir et maintenir ce fleuve dans son vieux lit tortueux seraient impuissantes, quelque fortes qu'elles fussent ; il faut des berges *dans la direction*, fussent-elles de terre, pourvu qu'elles soient assez hautes. Aux temps des prophètes, cette dévastation des fleuves, rapprochée d'un état politique comme le nôtre, auraitsuffi pour qu'ils s'écriassent : Voici la fin du monde, Dieu brise le sixième sceau ! et les prophètes auraient eu à moitié raison. Nous assistons à une mort, mais aussi à un enfantement, et la combinaison de ces deux grandes crises humaines, pleines de douleur, donne au spectacle que nous avons sous les yeux une tristesse solennelle, malgré l'espérance qu'il renferme, malgré l'avenir qu'il annonce et prépare. Aux personnes que j'aime et qui m'écrivent leurs inquiétudes sur moi en Algérie, je renvoie mon inquiétude sur elles-mêmes, plus légitime que la leur; car les Arabes, je peux les éviter; la maladie même, avec un régime sain et sage, n'est pas plus à craindre ici qu'ailleurs; mais qui évitera le torrent, et quelle hygiène garantira de son atteinte?

Cette demi victoire parlementaire qui élève Sauzet et abaisse Barrot, nouvelle oscillation de la bascule politique, va faire illusion encore une fois au parti auquel il serait si intéressant d'ouvrir les yeux, pour qu'il vît enfin la vérité, pour qu'il pût lui-même changer son nom de *conservateur* et se proclamer hautement *réformateur*. Plus que jamais, le rôle que doivent prendre les défenseurs de l'ordre est évident; ils sont perdus, s'ils ne ravissent pas la POPULARITÉ aux partisans de la liberté; ils sont perdus, s'ils se bornent à RÉSISTER. Ne savent-ils donc pas que le Français est incomparable pour l'attaque, et qu'il est bien moins brillant à la défense? Enlevez l'avenir à la baïonnette; point de retraite vers le passé, même le passé d'hier; marchons!

Heureusement, comme je vous l'ai déjà écrit, dans notre politique à bascule, les hommes qui arrivent au pouvoir sont souvent entraînés à faire le contraire de ce qu'on attendait d'eux; c'est-à-dire précisément ce qu'on attendait de leurs prédécesseurs, qui n'ont pas pu le faire, parce que les suites de leur tendance connue épouvantaient. Il serait donc possible que le résistant Guizot ne fît pas de résistance, de même que M. Thiers, le soi disant libéral, a enterré la question des rentes, ajourné indéfiniment la réforme électorale, brisé l'alliance anglaise, rétabli des journaux soldés, et fait une foule d'actes contraires à ce qu'attendaient de lui ceux qui lui avaient donné sa quasi-dictature.

Mais aujourd'hui il faut plus que des actes involontaires qui jurent avec le caractère réel des hommes du pouvoir; il faut sentir et vouloir ce que l'on fait; il faut avoir toute son ame à son œuvre; or l'ame de M. Guizot est bien bourrée de passé, mais elle ne sent pas l'avenir; et il n'y marcherait que contraint et forcé.

C'est donc en dehors de ce nouveau ministère qu'il faut chercher les hommes auxquels ce ministère lui-même obéirait, qui le maîtriseraient et l'entraîneraient dans une route contraire à sa nature.

Ce ministère, c'est encore une phase du régime social né en 1830; c'est encore un rouage de cette grande machine qui fait des discours de tribune et des articles de journaux ; c'est un des deux mouvements de ce balancier qui tantôt *laisse faire*, et tantôt *empêche de faire*, mais qui *ne fait rien*, et surtout *ne fait rien faire* volontairement. Or, ce mécanisme est bien fatigué et bien usé, depuis 1830, et nous sommes en présence d'un effort à accomplir, qui dépasse sa puissance ; c'est donc encore, à mon avis, un ministère plus transitoire que tous ceux que nous avons eus depuis 1830 ; en un mot, c'est presque un ministère Polignac, dernier terme d'une forme de gouvernement qui a accompli sa tâche.

Que Dieu nous préserve des autres conséquences de cette analogie ; ne renouvelons pas la crise de 1830 ; je vous ai dit dans ma dernière lettre et dans celle-ci comment l'éviter.

TROISIÈME PARTIE.

POLITIQUE ÉTRANGÈRE.

CORRESPONDANCE POLITIQUE.

POLITIQUE ÉTRANGÈRE.

QUESTION D'ORIENT.

I.

Ces lettres ont été écrites en vue d'événemens qui, par malheur, se sont accomplis dans un sens contraire aux avertissemens et aux conseils qu'elles renferment, ; elles traitent une question qui n'a pas en ce moment un intérêt assez vif pour qu'elles aient trouvé place convenable dans les colonnes du journal *le Crédit;* cependant nous avons pensé que leur publication intéresserait nos lecteurs, parce que les considérations sur lesquelles ces conseils étaient fondés subsistent encore et sont également applicables aujourd'hui.

Depuis vingt ans, les solutions provisoires que la question d'Orient a reçues n'ont, en réalité, rien résolu; ce grand problème est resté et restera menaçant pour l'Europe, tant qu'elle n'aura pas compris que la politique européenne a besoin, au dix-neuvième siècle, pour être solidement établie, c'est-à-dire pour régler les relations actuelles des peuples chrétiens entre eux, d'adopter un nouveau système général de leurs relations avec les nations musulmanes.

La correspondance, que nous publions, a pour but d'exposer ce système, et d'en démontrer pratiquement, par l'examen des faits, l'importance et la nécessité.

Le Caire, janvier 1836.

MON CHER AMI,

Dans l'immense conflit de politique européenne dont Constantinople est l'objet, certes la relation de l'Égypte avec le sultan et avec les nations européennes est un point capital. Cela est si vrai, que dans le cas où la Russie s'emparerait de Constantinople, et même dans le cas, plus probable et plus sage, où, sans en déposséder le sultan, elle voudrait y exercer une influence tout à fait exclusive de l'influence franco-anglaise, le premier acte de la France et de l'Angleterre, devrait être de s'emparer immédiatement d'Alexandrie, de Saint-Jean-d'Acre et de Smyrne, ou du moins d'y installer l'influence européenne, et de réaliser ainsi une pensée qu'aucune forte tête politique, en Europe, n'a pu abandonner depuis Napoléon.

Or, avant d'examiner quelle est la relation de l'Egypte avec l'Europe et avec le sultan, il serait bon de savoir d'abord ce que c'est que l'Egypte, car elle me paraît être méconnue ou même inconnue par tous les hommes qui mêlent ce pays à leurs rêves politiques. Ainsi, on s'occupe beaucoup de savoir si Méhémet-Ali doit ou ne doit pas être légitimé, s'il aime réellement les Francs, si c'est un barbare musulman ou un Turc civilisateur, si l'on doit s'allier à lui ou le sacrifier sur le Taurus à son ancien maître. En deux mots, c'est toujours la vieille politique par les *rois*, même chez les peuples qui se prétendent le plus amis des *peuples* et ennemis des *tyrans*. Or, la politique par les rois est très légitime, à une époque où les rois représentent les peuples, autrement elle est niaise et fausse. Voyons donc le peuple ; ensuite nous examinerons en quoi Méhémet-Ali a représenté, représente encore, ou ne représente plus ce peuple que Dieu a mis sous sa main.

Si la sympathie européenne s'émeut vivement aux nobles douleurs de la Pologne, l'Egypte, ravagée, mangée, ruinée, et ruinée sur la plus riche terre et sous le plus beau ciel du monde ; l'Egypte mise en coupe réglée depuis des siècles, par une race éminemment consommatrice, tout à fait *improductrice*, race pure de propriétaires ; l'Egypte tondue jusqu'au sang, elle qui sur sa belle peau se plairait tant à voir uue superbe parure ; l'Egypte conservant, sous ce joug de plomb, sous cette guillotine du *Courbache*, sa gaîté, sa douceur et son inaltérable Allah-kerim ! l'Egypte enfin qui a déjà ouvert une fois ses bras avec amour à nos soldats incirconcis, comme à des libérateurs, aurait droit, ce me semble, à un intérêt plus vif et plus éclairé que celui dont nous daignons l'honorer.

Je suis tenté de dire que, *malheureusement* pour elle, ses temples, ses momies et ses pyramidaux souvenirs, sont encore trop vivans, parce que tous nos illustres voyageurs, très lettrés et beaux connaisseurs, se sont arrêtés avec les Pharaons sur le Nil, sans parler aux fellahs.

Que par amour pour le passé de la Grèce on ait voulu, de nos jours, lui rendre la liberté, c'est bien; mais j'affirme que les Egyptiens actuels ont moins dégénéré de leurs Pharaons que les Grecs de Léonidas et d'Aristide; et je me ferais leur champion contre tous les philhellènes.

Ce peuple si bon, si gai, notez le bien, est certainement de tous les peuples du monde le plus éminemment PACIFIQUE. Je parle de l'Egyptien, non de l'Arabe bédouin, qui d'ailleurs n'est pas si guerrier qu'on le croit; je pourrais, sans mentir, y joindre les Syriens de la plaine. A la vérité, c'est le peuple qui a le moins de raisons pour aimer la guerre; où irait-il chercher un meilleur pays que sa terre promise? Ce peuple excellent, et cet Eden du monde, sont aujourd'hui dans un état de dénuement, de délabrement qui fait mal. Depuis quarante ans, depuis que Napoléon l'a visité, il a énormément souffert; mais cette souffrance n'a pas été sans fruit; une main vigoureuse a coupé les mille têtes de l'hydre qui, auparavant, le gardait et le dévorait. Malheureusement, cette main appartient à une tête qui, à elle seule, et pour accomplir cette œuvre de destruction, a mangé mille fois plus encore que les mille têtes de l'hydre. Aujourd'hui, l'on ne voit plus, comme autrefois, à côté d'un bey cruel et vorace, un bey clément et miséricordieux qui laisse respirer ses villages; l'infortune est à très peu près la même partout; et, sous ce rapport, l'Egypte a conquis l'égalité civile. Ceci n'est pas une plaisanterie; cette commune misère a créé ou recréé une sorte de *nationalité* qui se résume dans l'*unanimité* avec laquelle le joug turc est détesté.

Je m'arrête sur cette idée qui est capitale et qui doit servir de règle, chaque fois qu'on fait entrer le nom de l'Egypte dans des combinaisons politiques. Si cette idée est vraie (et j'affirme qu'elle est irrécusable), c'est une illusion complète de croire au retour de l'autorité des sultans sur l'Egypte. Ceci admis, la question orientale est débarrassée d'une difficulté dont la diplomatie s'occupe, je crois, outre mesure. Si cette idée est vraie, le peuple égyptien touche à des destinées tout à fait nouvelles, et la race turque ne tardera pas à être déclarée, ici comme en Grèce, en Algérie, dans les provinces conquises par la Russie, déchue de son droit à gouverner des peuples, trop jeunes encore pour marcher sans lisières, mais qui repoussent les langes dont les Turcs veulent continuer à les garotter. Ici, ce n'est déjà plus la race turque, c'est un Turc qui règne.

Grâces soient rendues à l'homme qui a soustrait par le fait, sinon en droit, l'Egypte à l'autorité des sultans; grâces soient rendues à ce Louis XI, qui a fait sauter tant de têtes aussi nobles que la sienne, pour substituer un roi à une noblesse; grâces lui soient rendues! Il a fait un corps des membres mutilés de l'Egypte. Les Bédouins voleurs ont été contenus et réprimés, presque disciplinés par lui, et ils escortent les caravanes qu'ils dépouillaient autrefois; les fellahs ont été armés pour la première fois par lui, et il a fait une armée et une marine *égyptiennes*, avec des hommes qui, jusque là, étaient déclarés indignes de porter le sabre, les élevant ainsi au niveau de leurs maîtres. Dans l'administration civile, il a substitué des Arabes aux Agas turcs qui administraient les préfectures; enfin, jusqu'à présent, il a fait d'immenses efforts pour ramener de l'Occident la science et les arts, qu'autrefois les Arabes y ont portés; grâces lui soient rendues! il a brisé la plus grande partie des entraves que, déjà, Napoléon avait frappées de son épée, et qui comprimaient l'essor d'un peuple appelé à de bien belles destinées.

Si, pendant vingt années seulement, ce peuple enfant n'était plus décimé par la guerre; si son activité éminemment agricole n'était pas détournée maladroitement vers d'informes fabriques; si une administration quelque peu éclairée permettait aux européens d'asseoir sur cette superbe terre des exploitations que les Bedouins ne viendraient pas ravager, comme à Alger; si le transit de l'Inde était favorisé, même sans chemin de fer et sans canal nouveau; enfin, si tous ces gros mangeurs turcs étaient remplacés par quelques régimens français ou anglais faisant uniquement la police, l'Egypte, après ces vingt années, aurait fait un pas devant lequel les progrès les plus gigantesques des Américains eux-mêmes ne seraient rien.

Je vous l'ai dit plus haut, il n'y a pas une seule forte tête politique en France, surtout en Angleterre, qui ait renoncé à l'idée de voir un jour l'Europe assise sur le Nil, et *par conséquent* maîtresse en Syrie, afin d'aller embrasser l'Inde avec ces deux jolis bras de mer qui pressent l'Arabie. D'un autre côté, les faits les plus significatifs manifestent dans le gouvernement une réaction anti-chrétienne, inspirée par le pressentiment de cet appétit européen pour l'Egypte. Enfin, cette visite de l'Europe, redoutée par les Turcs, est vraiment désirée, attendue par leurs sujets; le souhait en est formé si souvent et si haut, en tous lieux, que dans un pays où les murs ont des oreilles, ce vœu doit être monté de la chaumière jusqu'à la citadelle.

Après une vie aussi agitée, et, jusqu'à Koniah, aussi heureuse, un homme doué d'une activité aussi immense que Méhémet-Ali, voyant venir, avec chaque année, ou un désastre ou une peste, et toujours une diminution de revenus et d'hommes, et n'ayant pas de but à quoi prendre cette immense activité, cet homme souffre, son humeur s'altère; les passions que, jusque là, il a su maîtriser et faire servir à sa fortune et à sa gloire, ces passions deviennent maîtresses à leur tour. Ce pacha, qui fit empoisonner des beys et fusiller presqu'une armée de mamelucks, et qui délivra ainsi l'Egypte de ses mille tyrans; ce musulman qui eut l'audace de vaincre le sultan, de lui voler jusqu'à la cité sainte, et d'affranchir ainsi l'Egypte de sa servitude envers la Porte; ce roi négociant qui a fait de tout ce vaste pays un seul comptoir, et qui emmagasine comme un épicier tous les produits, depuis la fève jusqu'au café, cet homme là, selon toute probabilité, sera, dans ses vieux jours, féroce, bigot, avare, ou bien il faut qu'avant peu il soit sultan. Un pareil homme veut toujours monter, il ne peut point s'arrêter et ne sait pas descendre convenablement; or, depuis Koniah, il s'arrête et descend. Grand homme est celui qui toujours monte; doublement grand homme, celui qui peut descendre après avoir monté; triplement, celui qui sait monter, s'arrêter ou descendre, selon la volonté de Dieu. Je crois Méhémet-Ali seulement un grand homme; Napoléon le fut doublement, il sut descendre; comme l'a dit Barrault : Il mourut longtemps et debout; Méhémet-Ali mourra vite et couché.

Je me prends à faire aussi un peu trop de vieille politique; revenons au bon peuple égyptien.

Beaucoup d'hommes font de la politique seulement avec des cartes de géographie; ils conçoivent les destinées des peuples uniquement d'après la forme de leur territoire sur la mappemonde; ceux-là peuvent divaguer souvent. Cependant il y a, sous ce point de vue, des choses tellement évidentes, que le géographe politique le moins exercé ne saurait s'y tromper. Telle est la destinée de l'Egypte à l'égard des nations européennes, asiatiques et africaines; elle doit être évidemment le jardin, le bazar et le caravanserail de tout le vieux monde. Les Turcs peuvent-ils lui faire remplir cette destinée? La moindre connaissance des deux races suffit pour affirmer que non. Dans tous les cas, il ne saurait y avoir qu'une opinion sur l'avenir de l'Egypte; les avis peuvent se partager seulement sur le moyen de l'y faire arriver.

Mais si, au moment où j'examine froidement cette question, j'apprenais qu'une flotte française, d'abord armée pour une guerre possible avec l'Amérique, et une flotte anglaise préparée pour empêcher les Russes d'être maîtres aux Dardanelles; si j'apprenais, dis-je, que ces flottes ont ordre de faire autre chose qu'une promenade de mer, et qu'elles ont, l'une et l'autre, un plan de campagne, je me croirais fou ou bien je regarderais comme fous les auteurs des plans de campagne, si Alexandrie n'était pas désignée comme le premier point à occuper, et comme le dernier à rendre après la campagne. Il y a plus, si les Français et les Anglais n'agissaient pas ainsi, les Russes eux-mêmes le feraient, sous prétexte de venger la légitimité du sultan.

Les quatre peuples qui sont en présence, la France et l'Amérique d'une part, la Russie et l'Angleterre de l'autre, n'ont rien à gagner à se faire la guerre, mais tous les quatre profiteraient de cette menace d'un conflit général, si chacun d'eux y découvrait sa véritable route; car alors la Russie marcherait, par Constantinople, vers la Perse et la *Chine*; la France et l'Angleterre, par Suez, vers l'Inde et la *Chine*; l'Amérique, en perçant Panama, vers la *Chine*; or c'est de l'avénement de la *Chine* dans la politique des nations qu'est grosse l'époque actuelle.

Oh! ne riez pas quand je vous parle de la Chine; la chose est grave, je vous assure. Quiconque n'englobe pas la Chine dans ses rêves de politique universelle, ne peut voir clair dans la tendance actuelle des sociétés humaines.

A ces aveugles je dirais simplement : Prendre Alexandrie est la chose du monde la plus facile. Alexandrie prise, l'Égypte entière, sans effort, accueille le nouveau venu et se soulève contre les Turcs, en faveur desquels il y aura même des mesures très actives à prendre, pour éviter une vengeance trop rude. L'Égypte ainsi soulevée, il n'y a pas un seul soldat d'Ibrahim qui ne déserte de Syrie pour revenir dans son village. 30,000 hommes suffiront pour s'emparer de ces deux pays, et 20,000 seulement pour les *occuper*; les 10,000 autres seront disponibles, soit pour Smyrne, soit pour garder quelque temps la mer, prêts à tout événement sur les côtes d'Égypte ou de Syrie.

Cette occupation militaire devrait être anglo-française, 1° pour éviter toute apparence de conquête définitive, et toute tentative d'organisation coloniale selon la vieille méthode des Indes ou même de l'Algérie; 2° pour que l'émulation entre les deux occupans soit profitable au pays; 3° parce que les Anglais qui ont beaucoup plus que nous le sentiment des intérêts commerciaux et d'une administration industrielle, ont toutefois beaucoup moins d'affinité que les Français avec le caractère arabe.

L'armée d'occupation serait, avant tout, un moyen de *police*, garantissant aux nationaux et aux colons étrangers ordre et liberté, et laissant aux indigènes la justice civile et l'administration communale. Pendant plusieurs années le pays n'a pas besoin d'autre forme de gouvernement pour prospérer; des entreprises *d'intérêt général* ne peuvent être encore sagement conçues maintenant; il faut que par la paix, le travail, et l'affluence des étrangers, la population, en se grossissant, tende à prendre sa voie naturelle, dont elle a été constamment détournée par le gouvernement des Turcs.

La Syrie a déjà eu tout le temps nécessaire pour voir qu'elle n'a rien gagné aux défaites du sultan et à la prise d'Abd-Allah, pacha d'Acre; le désarmement des Druses, mesure admirable en regard de l'avenir, n'en a pas moins développé dans les cœurs une sourde colère; Ibrahim a beau, comme un propriétaire avide, mettre en culture quelques villages, le pays entier n'en souffre pas moins des levées d'hommes et d'argent, et de la manie manufacturière dont on le travaille. L'Hedjas consomme toujours des troupes et de l'or, et si l'on s'y bat encore, on y essuiera de nouvelles défaites.

Les 20,000 Turcs qui gouvernent aujourd'hui l'Égypte et la Syrie, sont disséminés sur toute la surface du territoire, à deux ou trois par village et quinze ou vingt par ville. Dans l'armée, ils occupent tous les grades, depuis celui de capitaine; mais vous ne pouvez pas vous faire une idée de l'indiscipline que l'imitation franque a glissée entre ces hommes, qui autrefois étaient dans la relation de maître à esclave.

D'un autre côté, ces 20,000 Turs qui se sont encore recrutés dernièrement par les prisonniers de Koniah, ne sont plus, avec la capitale de l'islamisme, dans une relation qui renouvelle vigoureusement les rangs que la mort éclaircit; enfin la Russie a fermé, en Circassie et en Géorgie, les marchés où s'achetaient autrefois les meilleures et les plus belles têtes de beys et de pachas d'Égypte. Aussi n'est-ce pas du tout par un pur sentiment d'amour pour les Arabes que Méhémet-Ali les a peu à peu appelés aux postes inférieurs du gouvernement, il y a été *forcé*, et ses propres paroles le prouvent, lorsqu'il répondait à un homme qui lui demandait pour les Arabes, dans l'armée, le grade de capitaine : Oubliez-vous que nous ne sommes ici que 20,000 Turcs?

Cette queue de la race turque ne tient plus qu'à un fil qui se cassera de lui-même si on ne le coupe.

Ici toute la coterie arménienne, assez nombreuse dans le gouvernement, coterie rusée de drogmans et de secrétaires, peu amie du malheur, et désireuse de repos, girouette politique par excellence, pouvant être d'ailleurs très utile, comme toutes les bonnes girouettes, cette coterie, dis-je, loin de se croire attachée au sort des Turcs, qu'elle encense toutefois beaucoup, leur tournerait le dos avec la plus grande facilité au premier vent doré qui soufflerait d'occident.

Quant aux Cophtes qu'on bâtonne et qu'on pend fort joliment, mais auxquels on n'a pas fait l'honneur d'accorder le droit de port d'armes, il y a en eux un avenir immense, digne de leur passé, que Napoléon avait vaguement entrevu à travers la fumée du canon, sans pouvoir discerner les signes pacifiques et scientifiques qui caractérisent cette race. Vrais parias aux yeux des Turcs, ils sont pourtant traités assez en frères par les Arabes, non seulement à cause de leur commune misère, mais aussi parce qu'ils sont les arpenteurs, les compteurs, les mesureurs, les seuls savans du pays, eux qui pourtant sont exclus de toutes les écoles gouvernementales. Cette classe d'hommes sera puissamment utile au progrès industriel de ce pays; elle est destinée au bureau et à la plume, comme le fellah au champ et à la charrue.

Le fellah! quels cris de joie, quelles fêtes, que de danse et de musique, le jour où on lui dira : Ils sont partis! Il est capable de s'en réjouir jusqu'à oublier qu'il doit travailler pour vivre; il est de force à faire *fantaisie* toute la semaine, sans savoir d'où lui tombera un pain pour le nourrir, et en s'écriant : Allah Kermi!

POLITIQUE ÉTRANGÈRE.

QUESTION D'ORIENT.

II.

Le Caire, janvier 1836.

MON CHER AMI,

En vous parlant de l'occupation anglo-française de l'Égypte et de la Syrie, je n'ai fait qu'indiquer la condition capitale de cette occupation, afin de la distingner très nettement de la conquête, et même de ce qu'on appelle la colonisation. Celle-ci n'a jamais eu que deux résultats : ou l'extinction de la population indigène, ou sa condamnation à l'esclavage, et, dans les deux cas, l'existence d'une classe de colons qui conserve pendant des siècles le préjugé des deux natures, libre et esclave, même quand elle abolit en droit l'esclavage.

Ceci tient à ce qu'on a voulu *posséder* et non *développer* le peuple et le sol qu'on enviait. Il y a des hommes qui cultivent l'affection d'une femme seulement pour faire dire que cette femme est à eux; ceux-là sont de vrais barbares qui rapportent tout à la métropole, et qui finissent par perdre leur colonie.

Gouverner un peuple comme *propriétaire*, ou influer sur son développement comme *ami*, telle est la différence entre les deux méthodes, et je soutiens que la seconde est même la plus *productive*, économiquement parlant. Je le sais bien, on prétend qu'un propriétaire aime sa propriété plus qu'il n'aime ses amis; c'est possible pour plusieurs, et ceux-là ne sont pas mes amis; toujours est-il qu'il y a une différence entre des *choses* et des *personnes*, et que les peuples conquis ont toujours été traités jusqu'ici comme des *choses*, quand on a voulu en faire des colonies. La fureur d'imposer à ses nouveaux sujets sa langue, ses mœurs, sa religion, de prétendre savoir mieux qu'eux quels goûts et quels travaux, quels plaisirs et quelles peines peut supporter leur nature; en un mot, la fureur de les *gouverner*, ou au moins de les *administrer*, a toujours caractérisé, dans les temps modernes, les peuples colonisateurs. Or, je serais curieux de voir faire un essai qui consisterait uniquement à *policer* le pays conquis, c'est-à-dire à faire la *police*, et à donner l'exemple d'une civilisation plus avancée, plus *polie*. Cette dernière partie de la tâche n'est pas la moins délicate.

Si donc l'occupation était anglo-française (ce qui serait d'ailleurs le moyen d'éviter les difficultés d'un partage impossible ou dangereux), les chefs militaires de cette occupation combinée seraient, pour ainsi dire, deux *ambassadeurs* ARMÉS, dont la mission serait, avant tout, de donner protection aux étrangers, et qui, pour cela et par supplément, maintiendraient la tranquillité du pays.

Certes, dans les premiers momens, et avant l'établissement d'un gouvernement national, ils auraient bien à exercer une fonction gouvernementale et administrative. Ainsi, par exemple, les armes et les arsenaux resteraient en leur possession, et les terres non cultivées aujourd'hui, qui sont la propriété du pacha, leur seraient remises, afin qu'ils pussent attirer par elles les colons étrangers. De même, les bases générales du système d'impôt foncier et mobilier seraient posées; et, quant à ce qui concerne les douanes, peut-être serait-on assez avancé des deux parts pour les annuler entièrement, en convenant d'ailleurs qu'en France comme en Angleterre, aucun privilége spécial ne serait nouvellement accordé au commerce d'Égypte, à moins qu'il ne le fût également des deux côtés.

Vous le voyez, d'après les attributions que je suppose à l'armée combinée d'occupation, cette armée ne devrait pas se composer seulement de militaires; la partie civile devrait même y être assez fortement représentée. En effet, la quantité de terres vagues est et devient chaque jour de plus en plus considérable ; le nombre des établissemens fondés par le pacha, d'après des vues économiques fausses ou inapplicables, est également assez fort; enfin l'étude du pays sous le rapport des arts est d'un intérêt tout neuf, parce que, jusqu'ici, ce sont plutôt des savans que des artistes qui ont vu l'Egypte, et que ceux-là ont vu l'*antique* Égypte, tandis que ceux-ci verront l'Égypte *actuelle* et rêveront à l'Égypte *future*, qui sera bien belle, grâce à Dieu et à eux.

Mon Dieu, quelle terre! quelle richesse ! Et cela dort! Ou plutôt cette pauvre terre souffre, car elle fait peine à voir, chargée de hautes herbes inutiles qu'elle nourrit splendidement, elle qui pourrait enfanter des fruits d'or! Pas une rose, pas une fleur dans ce jardin du monde qui, un jour, en sera couvert! Ibrahim, sur la route d'Abouzabel, a fait quelques belles plantations qui envahissent le désert et le repoussent de quelques centaines de toises; mais le désert est entré dans le Delta lui-même.—Et quel pauvre peuple ! On vous a dit comment se mutilent tous ces malheureux Fellahs du Saïd, pour éviter d'être pris par la guerre ; pas un seul de ces beaux jeunes hommes, aux grands yeux, aux belles formes, qui n'ait trois ou quatre dents cassées, ou l'index coupé, ou un œil arraché! Et tous ces Pharaons en guenilles, battus et volés si constamment, sont pourtant faits d'une pâte où fermente tant de vie, de plaisir et d'art, qu'ils sont encore beaux, mutilés, sous leurs haillons, comme la terre du Nil sous ses grandes herbes.

Il y a ici, n'en doutez pas, pour l'Angleterre et pour la France, une immense compensation à l'agrandissement de la puissance russe sur la Mer Noire. Eh! mon Dieu, qu'on laisse faire Nicolas; c'est un instrument de la Providence qui bâtit à la Méditerranée ses vrais contours.

J'ai besoin de revenir encore sur la première question que je me suis posée : Qu'est-ce que l'Egypte? ne fût-ce que pour résumer les choses éparses que j'ai dites sur ce sujet.

L'admirable description d'Amrou, citée par Volney, est toujours vraie, quant à *ce peuple protégé du ciel qui ne semble destiné, comme l'abeille, qu'à travailler pour les autres, sans profiter lui-même du prix de ses sueurs*; mais elle est inexacte, quant aux *trois choses qui contribuaient alors merveilleusement à la prospérité de l'Égypte*. L'*avidité fiscale* y a été poussée à un point excessif; les *revenus* qui devaient *être affectés à l'entretien des canaux, des ponts et des digues*, ont été absorbés par la guerre; enfin l'*impôt est prélevé en nature*, il est vrai, mais dans une proportion inouie avec le produit total; et d'ailleurs l'impôt en nature le plus ruineux, celui des hommes levés pour la guerre, a dépassé toutes les bornes imaginables.

J'ai dit que la commune misère et l'unanimité de haine contre les Turcs étaient cause et signe de la nationalité arabe; cela est vrai; mais j'ai fait sentir aussi que cette nationalité s'était constituée au moyen de l'*unité* de pouvoir, instituée par Méhémet-Ali sur les ruines du gouvernement multiple des beys, et qu'elle s'était développée par l'admission progressive des indigènes aux fonctions militaires et administratives. Remarquez encore que les fonctions judiciaires et religieuses ont toujours été remplies par des Egyptiens.

Il est bon également d'observer dans ce peuple, dont la grande base est mahométane, un phénomène de tolérance religieuse qui doit étonner le plus tolérant des peuples chrétiens. Depuis des siècles, Musulmans, Juifs, Chrétiens vivent ici en bien meilleure intelligence que n'ont vécu les sectes chrétiennes dans nos pays civilisés. L'Egypte est sans contredit, de tous les pays musulmans, celui qui est le plus susceptible de communier avec la civilisation occidentale; l'Egyptien est aussi, parmi tous les peuples mahométans, celui qui possède le plus un véritable amour de la *patrie*. Plus que partout ailleurs en Orient, et presque comme chez nous en France, l'Egypte renferme donc les deux conditions importantes à la vie d'un peuple, une tolérance *cosmopolite* et un *patriotisme* que sa constitution admirable et toute exceptionnelle renouvelle, pour ainsi dire, comme les eaux du Nil; car le fellah a besoin de revoir son village au moins une fois l'an, et il veut d'ailleurs, comme ses aïeux, avoir son tombeau là où fut son berceau. Mais ce qui constitue la nation avant tout, en ce moment, c'est l'unanimité avec laquelle elle repousserait les Turcs de son sein, et accueillerait des libérateurs.

Pourquoi, direz-vous peut-être, l'Egypte qui déteste les Turcs, ne chasse-t-elle pas ces vingt mille hommes de chez elle? Si le temps est venu, qu'elle se montre, en faisant toute seule son affaire; sinon qu'elle attende encore! — attendre quoi? d'être mangée davantage? Songez donc qu'il est dans son caractère de se laisser plutôt entièrement anéantir que de se *révolter*; depuis Amrou, et avant lui, c'est toujours l'abeille et non la guêpe; la *résignation* est sa vertu capitale; elle ignore l'impatience du mal que les fléaux de Dieu font tomber sur elle; Allah Kerim! Telle est sa vie, sa loi, sa foi. Faut-il en conclure qu'elle doit être sacrifiée à la gloutonerie, à l'avarice, à l'ambition et à l'ignorance turques?

Ce peuple, si résigné, si ennemi de la révolte, je dirais même si chrétien en politique, qu'il voie un signe au ciel, qu'un drapeau français flotte sur Alexandrie, et le voilà criant vivat aux Giaours, et haro sur les Turcs. Et ne croyez pas que ce soit dans un fol espoir d'indépendance, dans un vain désir d'être *affranchi* de toute *autorité*, dans un violent amour de *liberté*; non, il saluerait dans les Giaours des libérateurs, espérant d'eux seulement un peu moins de pillage et de sévérité, espérant surtout qu'ils ne feront plus de ses enfans des soldats. A notre Restauration, le comte d'Artois avait dit : Plus de droits réunis, plus de conscription! C'est la même proclamation qu'il faut faire ici pour être accueilli avec enthousiasme, et ici une pareille promesse peut être tenue. La misère et la guerre, les deux choses que l'Égyptien déteste le plus au monde, voilà ce dont il veut être délivré, et avec le travail et la paix il enfantera encore des merveilles.

J'ai dit aussi, en parlant d'une occupation combinée anglo-française, que tout partage me paraissait impossible ou dangereux; cependant une distribution de travail serait nécessaire et inévitable, parce qu'il y a certains intérêts plus particulièrement chers, ou à l'Angleterre ou à la France, qui attireraient spécialement l'attention des deux puissances. Ainsi il me paraît que l'influence anglaise devrait dominer en Syrie, et l'influence française en Égypte, parce que l'Angleterre devra particulièrement veiller, du haut du Taurus, par dessus l'Asie mineure, sur les tentatives que les Russes pourraient faire vers la Perse et vers l'Inde, et que, d'un autre côté, la route du Golfe Persique lui va mieux que celle de la Mer Rouge.

Le chef de l'expédition anglaise devrait être là où est Ibrahim ; le chef de l'expédition française là où est Méhémet-Ali ; la marine française occuperait Alexandrie et Aboukir, et la marine anglaise Saint-Jean-d'Acre et Beyrout ; mais les deux pavillons flotteraient unis sur la citadelle du Caire et à Jérusalem.

Dans tout ceci j'ai négligé de tenir compte d'une puissance qui pourtant doit jouer, selon moi, un grand rôle dans cette crise générale, soit par sa position européenne, soit par ses tendances méditerranéennes ; je veux dire l'Autriche. Je ne parle pas de ce qui pourrait être fait en Europe pour s'assurer son alliance ou sa neutralité, soit en lui promettant la complète possession de son grand fleuve, soit en l'arrondissant encore sur l'Adriatique ; je ne veux même rien dire sur Tunis et Tripoli, où les vents du nord conduisent tout droit les vaisseaux de Venise et de Trieste, quoique cette côte me paraisse devoir, tôt ou tard, suivre la marche que prennent successivement toutes les possessions du sultan sur la Méditerranée ; je veux me borner à signaler sa part d'influence dans l'avenir de l'Égypte et de la Syrie. Or, je crois que lorsque ces pays seront occupés européennement, presque toute la colonisation agricole, et une grande partie du cabotage de la Méditerranée, seront alimentés par les sujets autrichiens. Par conséquent, dans la prise de possession des terrains à mettre en culture, en Égypte et en Syrie, de même que dans les arrangemens commerciaux que le commerce indigène et de transit nécessiteront avec les puissances européennes, la part de l'Autriche devrait être large et avantageuse. Si la France et l'Angleterre voulaient, à l'exclusion des autres puissances et surtout de l'Autriche, faire le commerce du Levant avec le centre de l'Europe et la Russie, ce serait la vieille politique monopolisante, ce ne serait pas suivre les indications naturelles qu'une vraie politique doit seules écouter.

J'ai raisonné jusqu'ici dans l'hypothèse d'une rupture complète entre la Russie et les puissances de l'Europe occidentale, et les conséquences de cette rupture me paraissent tellement inévitables et importantes pour ces pays, que j'en conclurais, *par réciproque*, la nécessité de la rupture, s'il n'y avait pas autrement moyen d'obtenir ces conséquences. Mais c'est une question grave de savoir si, aujourd'hui, les gouvernemens ne sont pas assez avancés pour arriver par voie diplomatique, un peu lentement peut-être, à des résultats qui seraient inévitablement la fin d'une guerre, épargnant ainsi l'effusion du sang et des dépenses considérables, et surtout la continuation d'un vilain procédé que l'humanité dans ses progrès répudie de plus en plus.

Toujours est-il que, pour atteindre ces résultats, il faut se les proposer nettement et avoir conscience de leur indispensabilité providentielle.

Or, l'expansion de l'Occident sur l'Orient est indispensable pour délivrer l'Occident du double fléau de l'apathie et de l'anarchie qui ronge et consume les âmes ardentes, aventureuses, glorieuses, ne se sentant plus rien à faire depuis Napoléon; elle est indispensable pour l'Orient qui, depuis trente ans, par ses réformes, montre assez combien il attend la science et l'industrie européennes, pour renouveller sa vie alourdie par plusieurs siècles d'opium musulman; elle est indispensable, inévitable pour la Russie qui y coule depuis un siècle avec une vitesse prodigieuse, et qui y porterait une énergie qu'elle occupe aujourd'hui contre l'Europe; elle est indispensable pour que l'Amérique méridionale et le Mexique naissent vraiment à la vie, car leurs progrès futurs, qui seront immenses, n'auront lieu qu'au moment où le grand Océan aura pris sa place dans la destinée commerciale du globe; elle est indispensable pour l'Inde qui ne peut plus se contenter de la route du Cap; pour la Chine enfin, qui doit entrer dans la communion universelle des peuples.

La possession des Dardanelles est une de ces questions secondaires, auxquelles nos hommes d'État attachent une importance ridicule, et qui leur inspirent des argumens plus ridicules encore. Ainsi, ils s'opposent à ce que la Russie prétende n'être plus bloquée par le sultan, aux Dardanelles, sous prétexte que ses établissemens de la Mer Noire prennent une extension prodigieuse. Comment!

c'est parce qu'elle possède de beaux ports dans la Mer Noire, parce qu'elle a le bois, le chanvre, le goudron, le cuivre, le cuir, le suif à bon marché, que vous voulez l'emprisonner aux Dardanelles? Mais à quoi lui serviraient donc ces bienfaits de Dieu? Ne les a-t-elle que pour vous les vendre ou les laisser pourrir dans ses steppes qu'elle veut au contraire défricher? Oui, la Russie est forte sur la Mer Noire, la Mer Noire est son port, son port de construction, de manœuvres, d'exercices. Ne vous reste-t-il donc pas assez de mers?

En vérité, la question n'est pas là; pour la France, pour l'Angleterre, pour toutes les puissances du vieux monde, la question qui s'agite en ce moment est plus large que le détroit des Dardanelles; elle est entre l'Orient et l'Occident, entre le mahométisme et le christianisme qui veulent s'unir aux lieux où tous deux ont pris naissance. Heureuse époque où le croissant et la croix peuvent se rapprocher sans se briser; où des chrétiens, portant triple bannière, grecque, anglicane et catholique, sont appelés comme des libérateurs et des amis par les enfans de Mahomet!

C'est déjà un principe admis en économie politique de ne pas forcer la nature, de ne pas faire de vin en serres chaudes; quand donc voudra-t-on aussi, en politique, obéir à la nature des choses et ne pas contrecarrer la volonté de Dieu? Dieu appelle et pousse la Russie sur Constantinople, comme il appelle et pousse la France vers le Nil, l'Angleterre vers l'Euphrate. Est-ce que de grands prophètes, le czar Pierre, Catherine, Napoléon et Pitt ne l'ont pas pensé ou dit assez fortement? Pourquoi donc se battre, si le sang versé ne doit produire que ce qui est prévu, prédit par le génie? Pourquoi surtout couvrir de prétextes frivoles un but qui, s'il était vu par plusieurs, serait bientôt unanimement désiré? D'un motif de guerre, on ferait ainsi un sujet de joie pour l'humanité.

Eh! qui résisterait, bon Dieu! si la France, l'Angleterre, l'Autriche et la Russie, exprimaient de pareilles pensées? Et pourquoi ces puissances ne tomberaient-elles pas d'accord pour cette sainte-alliance chrétienne, formant la dernière croisade vers les lieux saints, croisade pacifique qui réjouirait les grandes âmes de Saint-Louis et de Saladin?

Que la diplomatie s'empare donc du rôle de la guerre, c'est encore là une des preuves du progrès humain. Si le grand prince des diplomates jette encore une lueur avant de mourir, je compterais plus sur lui et sur M. de Metternich que sur mille bataillons pour en finir convenablement avec les *barbares du Nord*. C'est à de pareils hommes qu'il appartient d'accoucher l'autocrate de l'enfant qu'il porte dans son sein, de lui faire confesser son péché originel, sa convoitise orientale, en lui confessant, pour l'Europe entière, une convoitise semblable.

POLITIQUE ÉTRANGÈRE.

QUESTION D'ORIENT.

III.

Alger, janvier 1840.

MON CHER AMI,

Je vous prie d'observer qu'il y a en ce moment, au moins, quarante vaisseaux de ligne, frégates et bricks en nombre correspondant, avec leurs nombreux équipages anglais, français, russes, autrichiens, turcs et égyptiens, qui sont sous voile, qui coûtent horriblement cher, et qui coûteraient bien plus encore, s'ils faisaient autre chose que se regarder. Or, si le quart, la dixième ou même la quarantième partie de ce qu'ils coûtent, était employée à des œuvres de la nature de celles dont je vous ai si souvent parlé, nous aurions, avant dix ans, un canal de Suez à la Méditerranée, des caravanes franco-musulmanes allant du Caire à Tombouctou, au Sénégal ou à Maroc, la paix avec Abd-el-Kader, une route sûre de Constantinople à l'Indus.

De tout cela, sans doute, vous êtes aussi convaincu que moi ; mais comment arriver à en convaincre les peuples et les rois ? Comment leur faire comprendre que la *conquête* n'est plus de saison, et qu'il s'agit d'*associer* les peuples, de les mettre en *famille?* Je sens fort bien que nous n'avons pas encore trouvé une forme saisissante pour atteindre ce but.

Cependant, je me dis encore : Depuis dix ans que nous avons Alger, nous avons dépensé environ 300 millions, et 40 à 50,000 hommes; si, au lieu de venger notre coup d'éventail de consul, de cette manière, nous avions dit à Hussein Dey : Nous te donnerons un million par an pour faire des routes, ou plutôt nous ferons chez toi ces routes à nos frais; nous te donnerons en outre un million en instrumens et constructions agricoles; et par-dessus le marché deux gros millions, toujours par an, pour ne plus pirater, à la condition que tu protégeras très efficacement la vie et la fortune de tous les Français que nous voudrons envoyer chez toi, soit pour commercer, soit pour explorer scientifiquement toute l'Algérie, et que tu donneras même à ceux-ci tous les moyens de voyager sûrement avec tes caravanes africaines ; et si tu n'es pas content, voilà encore un million de plus.

Si nous avions parlé et agi ainsi, nous aurions épargné, depuis dix ans, 250 millions, et la presque totalité de nos 50,000 hommes. Les philantropes et libéraux ont déjà dit, je le sais bien, que le tribut payé autrefois à Alger, comme prime d'assurance contre ses corsaires, était une lâcheté de la chrétienté; ils avaient raison, parce que ce tribut ne servait qu'à éviter un contact dangereux, et non à en provoquer un avantageux pour les deux races; mais dans l'hypothèse que je fais, ce n'est plus la même chose; le tribut serait payé par le riche pour aider le pauvre à entrer en association.

Vous admettez encore ceci, j'en suis sûr; mais vous dites toujours : comment le faire comprendre aux peuples et aux rois? Vous croyez donc qu'ils ont la tête bien dure? Moi, je crois qu'ils ne comprennent pas cela, parce que personne ne le leur dit; et le fait est que vous ne me citerez pas un seul journal ou un seul député qui s'avise de pareilles billevesées; ils aiment mieux faire peur aux Français avec des Russes ou des Anglais; aux Russes, avec des Anglais et des Français; aux Anglais, avec des Français et des Russes; c'est toujours, quant aux nations de l'Europe entre elles, le sentiment de rivalité qui anime même les mieux intentionnées ; et vis-à-vis des peuples de l'Asie et de l'Afrique, c'est l'orgueil le plus ridicule et le plus déplacé. Or, la rivalité et l'orgueil seront les principes dirigeans de la politique des peuples, tant qu'on ne démontrera pas à notre siècle très avide, que la conquête est le plus sot moyen de s'enrichir ; et il est bien près de le comprendre, puisqu'il est déjà si ferré sur la nécessité de la paix. Seulement, on peut craindre qu'il substitue la ruse à la guerre. En effet, il veut tout faire par protocoles et diplomatiquement. Eh bien, connaissant son faible, je dis qu'il y a moyen de convaincre, de convertir Robert-Macaire lui-même, de l'amener à être l'apôtre de l'association des peuples, et de le faire pérorer supérieurement sur ce texte. Je parle du Robert-Macaire français et non de l'anglais, du russe ou de l'autrichien, quoiqu'il y en ait partout, parce que le français est le Robert-Macaire orateur, et qu'il faut commencer, par la parole, l'appel des peuples et des rois dans la commandite universelle.

Or, Robert-Macaire français, tout en ne voulant pas que les Anglais occupent le Caire, voudrait bien qu'il y eût un joli canal de la Méditerranée à la Mer Rouge, où il pût passer aussi facilement que les Anglais ; il faut donc qu'il monte la tête à l'Anglais pour que celui-ci *en fasse les frais*. Il ne serait pas fâché également d'aller visiter Téhéran et Lahore, puisqu'il envoie un ambassadeur en Perse, et qu'Allard est enterré au Penjaud ; pourquoi alors ne point pousser son grand ami Nicolas à établir des Laffitte-Caillard, à ses frais, sur cette route ? Dans tout ce qu'il y a à faire aujourd'hui, ce n'est pas nous qui avons le plus à débourser ; au contraire, et Nicolas viendra nous emprunter pour peu que nos avocats le poussent à jeter son argent par dessus le Caucase. Nos débours, à nous, ce doit être, comme cela est maintenant dans les grandes circonstances, de beaux discours, puisque nous sommes à l'état *parlementaire.*

Sans la prophétie de Mirabeau sur le drapeau de la *liberté*, Napoléon le *despote* n'aurait pas planté le sien à Moscou. Soyons donc les prophètes du mouvement des peuples, comme nous l'avons toujours été. Et voilà pourquoi j'aime et j'admire Lamartine, quoique je n'adopte pas du tout la forme qu'il donne à ses prophéties ; je l'admire, parce qu'il se moque de ce qu'on l'appelle rêveur ; il sait bien que ce sera la prophétie française qui finira par entraîner tout le monde. La prophétie française aujourd'hui n'est plus la liberté civile, la liberté politique, la liberté religieuse; le système représentatif, le gouvernement parlementaire, tout cela est vieux ; et il suffit de toucher l'Orient pour être convaincu que les prophètes du XVIIIe siècle ont accompli leur tâche en Occident, puisque Voltaire et Rousseau sont déjà en Orient. La prophétie française aujourd'hui est universelle, elle est pour l'Orient comme pour l'Occident, pour le mahométan comme pour le chrétien ; c'est l'*association*, l'*affamiliation* des peuples. Tant qu'on ne partira pas de cette base, et qu'on voudra supprimer des races, ou les conquérir, ou exciter la guerre entre elles, on n'avancera qu'en aveugles, sans conscience des résultats obtenus, et par la seule puissance de Dieu qui veut bien nous faire avancer même en aveugles, mais qui nous pousse à voir clair.

Je vous ai dit, qu'en ma qualité de membre d'une commission scientifique d'Afrique, j'avais cru pouvoir et devoir demander qu'on favorisât en Egypte le développement du seul moyen efficace d'explorer scientifiquement l'Afrique, et je vous engageais à conclure de ce que je faisais dans ma très petite sphère, ce que je voudrais voir entreprendre par des gens plus haut placés; mais peut-être comprendrez-vous très bien qu'en effet, moi, membre d'une commission scientifique, j'ai pu et dû présenter ainsi notre intervention dans les affaires d'Egypte, sans comprendre mieux pour cela ce que, dans une autre position, celle de ministre ou de député, j'aurais pu faire ou proposer; car je m'étais permis de critiquer ministres et députés, ce qui est toujours facile à un membre de commission scientifique comme moi, ou même à un bourgeois comme vous. Or, il est très difficile de dire ce que l'on ferait à leur place, d'abord par une raison bien simple, c'est qu'il est assez difficile de savoir si la position de député ou celle de ministre n'est pas, par elle-même, en France surtout, un obstacle invincible à ce que la meilleure intention puisse produire de bons résultats, et si, dans le régime parlementaire, l'honnête homme, ministre ou député, n'est pas forcé de dire noir pour avoir blanc, et réciproquement.

M. Thiers, par exemple, a une grande puissance sur la Chambre; il aime l'alliance anglaise, et il y attache sa fortune; eh bien, parce qu'il a eu la naïveté de dire ce qu'il pense à ce sujet, il a porté un très rude coup à l'alliance anglaise, et il a beaucoup aidé au rapprochement de la France avec la Russie et l'Autriche. Si ce n'est pas une naïveté, si c'était par hasard une finesse? (il en est capable, quoique celle-là me paraisse plus profonde que lui; il n'y a qu'un homme en France qui pourrait atteindre là) vous voyez qu'il aurait obtenu noir en disant blanc, et atteint l'aigle en feignant de courir après le léopard. Je crois donc, pour abréger mon bavardage, qu'un député ou ministre, sous l'empire de la Charte *vérité*, ne peut pas dire la vérité. C'est tout simple, puisque le régime représentatif est essentiellement le rebours du bon sens. Sous ce régime, les gouvernans sont donc obligés de régner en trompant, et voilà pourquoi la vérité du gouvernement parlementaire est une utopie, un non-sens ou contre-sens.

Je voudrais abréger, mais voici encore une divagation qui m'arrive et il faut que je la laisse passer.

Les hommes que la presse et l'opposition ont enfantés sous la Restauration, les créatures nées du régime parlementaire, sous la branche aînée, sont aujourd'hui au pouvoir. Eh bien, n'est-il pas certain que la presse actuelle n'a pas un avenir semblable à celui de la presse de 1825, et qu'il n'en sortira ni des Guizot, ni des Thiers, ni même des Passy, Mignet, Dubois, Rémusat, Jouffroy, Duchâtel, etc., etc. D'un autre côté, tous ces messieurs que je viens de nommer, en seront bientôt où en étaient, en 1830, Foy, Girardin, Camille Jordan, Benjamin Constant, Royer-Collard, Casimir Perrier et toutes les illustrations parlementaires de 1825, c'est-à-dire au bout de leur rouleau et bien près de la tombe; il y aura quelques survivans, comme nous avons eu Demarçay, Corcelles, Salverte, c'est-à-dire les mazettes qui ne meurent pas à la peine. Or, le recrûtement par la presse, qui s'est fait en 1830, n'est pas présumable; ce ne sera ni J. Janin, ni Soulier, ni Sue, ni même M. Bertin, que nous aurons le bonheur de voir surgir à l'horison politique, et qui s'assoieront sur le banc de misère. Où sont donc les hommes de l'avenir? J'aime à croire qu'ils sont dans des bibliothèques ou dans des fermes, des manufactures, des ateliers d'artistes, dégoûtés des journaux, n'allant pas aux estaminets et amassant leur provision de force pour le moment où leur temps d'agir sera venu. Si c'est pour ces hommes là qu'on veut parler à la tribune, on peut parler franc, en se moquant des interprétations des chambres, journaux et cabarets; mais il faut se résoudre à n'être que député et non un personnage dit politique. Je n'excepte donc que de pareils hommes de la nécessité générale, où sont aujourd'hui tous les hommes politiques, de mentir.

Si donc j'étais ministre (aussi ne le suis-je pas), je mentirais publiquement, ouvertement, c'est ce que font, je crois, tous les ministres, et je ne dirais la vérité qu'à une seule personne, au roi, c'est ce qu'ils ne font pas. Si j'étais député et que je voulusse avoir une action politique immédiate et devenir ministre (aussi serais-je très fâché d'être député), je mentirais à la tribune, et je ne dirais encore la vérité qu'au roi. Enfin, si j'étais député, uniquement en vue de l'avenir, alors seulement je ne me gênerais pas, et je dirais la vérité à tous, députés, ministres, roi, peuple surtout, et journaux, et cabarets, estaminets, République, Henri V et *tutti quanti*.

Je suis sûr que je vous fatigue en divaguant ainsi; vous devez commencer à croire que le soleil d'Afrique m'a frappé la tête : vous vous trompez ; nous ne sommes qu'en janvier, et vous pouvez tout au plus croire que ma faconde vous lâche son robinet d'eau tiède, comme M. Sauzet. Eh bien ! si vous n'êtes pas content, gare à vous ! Je crois que voici de l'eau glacée, et puis après de l'eau bouillante !

Dix millions ont été demandés et obtenus pour les éventualités des affaires d'Orient, et doivent être maintenant bien entamés ou mangés ; il faudra réclamer bientôt de nouveaux fonds ; l'Angleterre en a dépensé au moins autant, la Russie autant et l'Autriche un peu moins. Je demande que l'on pose à la Chambre cette simple question, et qu'on la répète à satiété par la presse : Ces 30 à 40 millions, s'ils avaient été employés par les puissances européennes à faire le canal de Suez ou à assainir Constantinople, en payant l'armée égyptienne qui aurait fait le canal avec l'aide d'un personnel européen, ou l'armée du sultan, qui aurait démoli et reconstruit les quartiers empestés de Stamboul, n'auraient-ils pas été mieux employés, politiquement, philantropiquement, commercialement, moralement, religieusement? Ces cinq adverbes joints font admirablement, et j'arrête là le robinet glacé, à l'usage des Ch. Dupin.

Oui, nous devons faire renaître de ses cendres la bibliothèque d'Alexandrie, ressusciter ces grandes momies de Memphis que nous avons dépouillées de leurs bandelettes pourries, et aider le Christ à retrouver sa tombe et son berceau. Nous devons aller de Marseille à Bombay sans changer de bateau, et écraser la peste à Constantinople et à Smyrne. Il faut que du Caire, d'Alger, du Sénégal et du Cap, quatre Européens puissent se donner rendez-vous à jour fixe à Tombouctou, et que Combes l'Abyssinien vienne les y retrouver en partant de Gondar. Pour tout cela, messieurs les députés, il faut tout simplement dire aux Turcs, aux Egyptiens et aux Arabes, dire aux Russes et aux Anglais, que vous voulez cela, et rien que cela. Si vous mettez toujours le poing sur la hanche et flamberge au vent, celui-ci *contre* le Russe, celui-là *contre* l'Anglais, un autre *contre* Méhémet-Ali, un autre encore *contre* les Turcs, un autre enfin *contre* Abd-el-Kader, sans dire votre but, c'est puéril et absurde. Dites à Méhémet-Ali : Tu seras détrôné si tu ne veux pas que je fasse un canal à Suez et que j'y passe librement, rien de mieux. Dites à Kosreff-Pacha : Je t'étrangle si tu ne veux pas que je tue la peste, c'est parfait. Dites aux Russes que, s'ils ne veulent pas vous aider à désempester Constantinople, vous le ferez *sans eux*, et aux Anglais que, s'ils ne veulent pas vous aider à faire le canal de Suez, vous leur ferez payer ce passage que vous ferez *sans eux*, rien de mieux encore, et ils n'ont certes pas à se formaliser d'un langage si généreux. Mais dire aux Anglais : Il faut que Méhémet-Ali soit fort pour vous empêcher d'aller aux Indes, si cela lui plaît; aux Russes : Il faut que le sultan soit assez soutenu par nous pour vous enfermer dans votre Mer Noire, si tel est notre bon plaisir; enfin dire au sultan et à son pacha révolté : Vous vous arrêterez tous deux au Taurus, et vous dormirez en paix chacun chez vous, c'est sot et niais. Or, tel est le résumé de toutes les opinions.

Ceci est le passage du robinet glacé au robinet bouillant; c'est du tiède, vraiment à l'usage des modérés; mais voici l'eau bouillante :

Les députés sont plus empestés que Constantinople; le sable du désert n'est pas plus aride que l'intelligence des ministres; nos peuples européens sont plus stupides que le Turc le plus ivre d'opium; Mahomet a détrôné Jésus-Christ; Méhémet-Ali, Abd-el-Kader, Kosreff-Pacha ont de la dignité, de l'énergie et de l'intelligence à revendre à tous les maîtres de l'Occident. Et nous prétendons les arranger, les civiliser à notre guise! Mais nous sommes fous, et nous serons punis de notre aveuglement.

Alger enterrera encore des milliers de Français et des millions de francs, parce que nous voulons coloniser comme on colonisait à l'époque où l'on s'emparait d'un pays peuplé d'antropophages; comme on colonisait lorsqu'on faisait la traite de noirs, lorsqu'on réduisait en esclavage les ennemis vaincus, lorsqu'on les exterminait comme hérétiques, en un mot, lorsqu'on ignorait qu'il fallait s'*associer* avec eux.

Nous perdrons nos belles paroles et nos agaceries à l'Egypte, tandis que les Anglais qui menacent et injurient le pacha, nous seront préférés, parce que les Anglais *doivent* finir par y être préférés.

Nous serons joués à Constantinople par les Russes, malgré toutes nos finesses, parce que les Russes *doivent* finir par être les initiateurs européens de l'Asie-Mineure.

Nous serons bafoués par l'Orient, par l'Europe, par l'Amérique; nous, la grande nation, nous le Christ des peuples, nous aurons notre croix, nos clous aux pieds et aux mains, notre couronne d'épines... si Dieu n'écrase pas sous sa parole sacrée notre bavardage athée, s'il ne pose pas son pied sur la tribune corrompue et sur la presse corruptrice, s'il n'étend pas sa main sur nous pour désigner ses élus, lui, le grand électeur!

Nous sommes bien près d'une de ces manifestations divines, et, de ce point de vue, tous les embarras extrêmes de notre position ne paraissent plus que des occasions et des moyens d'en accélérer la venue. Notre faiblesse en Orient, nos revers en Algérie sont les pendans de cette lassitude et de ce profond dégoût que tous les hommes forts éprouvent aujourd'hui en France; la crise approche, parce qu'il faut enfin dénouer ces inextricables nœuds dans lesquels une politique au jour le jour nous empêtre depuis un demi siècle.

Telle est la parole que devraient prononcer aujourd'hui les hommes dont la voix a du retentissement et qui sentent passer sur leur front le souffle de Dieu ; parole d'espérance et de foi qui entraîne vers l'avenir, en même temps qu'elle l'appelle et l'attire ; parole de découragement et de mépris, il est vrai, pour le présent ; mais qui donc n'est pas un peu découragé ? qui donc estime ce monde de bassesses et de corruption ? D'ailleurs, ce mépris du monde, tel qu'il est, empêche-t-il de croire que, tel qu'il est, il renferme tous les élémens opprimés de son salut ? Dieu m'est témoin du contraire.

POLITIQUE ÉTRANGÈRE.

QUESTION D'ORIENT.

IV.

Alger, septembre 1840.

MON CHER AMI,

J'ai lu avec un vif intérêt la brochure de M. Montmartin (1); mais après l'avoir terminée, j'ai voulu la relire, en me figurant qu'elle était traduite en arabe, en turc et en persan, en langue du pays d'Islam, et que moi-même j'étais Abd-el-Kader, Mehemet-Ali, un Wahabite ou un sectateur d'Ali. J'ai frémi d'indignation, et il m'a semblé que des flots de sang chrétien ne laveraient pas cette injurieux oubli, ce méprisant dédain des glorieux enfans de Mahomet par l'orgueilleuse race européenne, par les vaniteux enfans de l'humble Christ.

---

(1) *Quelques Considérations politiques à l'occasion de la* QUESTION D'ORIENT, par un ancien élève de l'école Polytechnique. Paris, 1840, chez Delaunay.

J'ai songé aux ordonnances du 26 juillet 1830 et aux compositeurs d'imprimerie qui, le lendemain, culbutaient du trône les enfans de Saint-Louis, parce que ceux-ci n'avaient pas appris, depuis 89, ce que c'était que l'imprimerie.

Et je me suis demandé : Quand donc l'Europe connaîtra-t-elle l'Orient; quand donc les lecteurs de l'Évangile liront-ils le Coran?

Quand donc aurons-nous en Algérie, à Alexandrie, à Constantinople, une conduite digne du rôle de protecteur, d'éducateur, de civilisateur, auquel nous avons l'orgueil de prétendre?

Certes ce ne sont pas, vous le savez assez, les grands résultats auxquels M. Montmartin aspire que je désapprouve : Suez et Panama ouverts au commerce universel; l'Asie mineure sillonnée de chemins de fer, de Constantinople à Bagdad ou à Ispahan; la Méditerranée couverte de navires de tous pavillons; je désire, je veux tout cela, autant que qui que ce soit au monde; mais le *moyen* d'arriver-là? Et le choix du *moyen* est tout aujourd'hui, car le but est senti et désiré nettement.

Il y a longtemps que l'Angleterre désire le passage de Suez; il y a longtemps que la Russie tend aussi vers l'Inde par la route de terre; pourquoi n'est-ce pas fait? Parce qu'on n'a pas découvert un moyen d'exécution qui fut conforme à tous les intérêts, qui fît tomber tous les obstacles, toutes les oppositions.

Certainement c'est déjà beaucoup, dans ce but, de chercher à concilier tous les intérêts européens, mais ce n'est pas assez; c'est même bien peu de chose, si ce moyen de *conciliation européenne* est un partage de la *Conquête d'Orient.*

Aux temps de Rome un pareil moyen aurait eu valeur réelle; Rome et Carthage auraient pu vider ainsi un différend. Dix-huit siècles après Jésus-Christ, cela n'est plus possible, cela n'est pas digne de notre civilisation.

Entendons-nous donc, entre nous Européens, pour savoir ce que nous voulons demander aux Orientaux d'accomplir, dans un intérêt universel; aidons-les à l'exécuter, rien de mieux; soyons certains que lorsque notre accord sera unanime, nous ne trouverons pas d'obstacle, et que le canal de Suez, par exemple, sera commencé demain, si l'*Europe* le demande à Méhémet-Ali et l'aide de ses lumières. Soyons certains même que nous n'aurions pas en Algérie d'Abd-el-Kader, si la destruction de la piraterie avait été voulue et exécutée, de *concert, par toutes les nations européennes.* Ayons une volonté; que la Chrétienté soit une dans sa politique; que notre diplomatie adopte un programme d'œuvres à faire, telles que celles dont M. Montmartin proclame l'universelle utilité, et je réponds que ces œuvres se feront, fût-ce en Chine, sans tirer un coup de canon, sans prendre un pouce de territoire, sans *conquête.*

L'unanimité européenne! Mais c'est chose impossible, dira-t-on; pas du tout, puisque vous espérez l'obtenir, en donnant à chaque nation européenne la *souveraineté* sur une partie du monde oriental; c'est ce moyen seul que je blâme, votre but est le même que le mien : Unité de pensée et d'action parmi les nations européennes.

Vous espérez, il est vrai, obtenir cette unité par l'appât de la souveraineté que vous offrez à la convoitise européenne, et moi, je prétends que vous vous trompez doublement, 1° en donnant à l'Europe une pâture qui n'est plus de ce temps; 2° en disposant, dans ce but, d'une terre, d'un peuple qui ne se laisseront pas impunément traiter comme pâture et comme troupeau.

Songez donc qu'un Musulman conçoit mieux qu'il puisse être tué par un chrétien que *conquis* par lui.

Songez aussi que l'Européen qui prétend *conquérir* la terre d'Orient fait un rêve: là c'est le climat, c'est le soleil qui sera son maître; l'Européen a la peau trop fine pour *gouverner* le désert; il fait pitié à l'Arabe, comme au forgeron un dandy qui voudrait frapper sur l'enclume. L'Européen, maître de l'Orient, c'est le rétablissement de l'esclavage; voyez l'Inde.

Que l'Orient et l'Occident s'*unissent*, qu'ils se *visitent*, mais pour Dieu! pas de *confusion*; ne répétons pas les folies des envahisseurs du passé; heureuses folies sans doute, car Alexandre et César n'avaient pas *d'autre moyen* que l'épée pour faire communier les peuples, et ils n'ont su mêler leur sang qu'en le répandant; mais nous, qui avons déjà appris par le Christ, le plus grand des envahisseurs, comment un verbe civilisateur s'incarne; nous, précisément, qui ne sommes pas des Musulmans armés d'un livre et d'un sabre; nous qui, même pour traverser notre petite mer et prendre quelques rayons de plus de soleil oriental, mourons à Alger comme des mouches; nous, enfin, qui savons presque le peu que vaut ce grand mot ancien : Colonie; ne rêvons pas pour nos prolétaires impatiens *les terres fertiles de l'Asie, de l'Afrique et de l'Amérique*; ne nous délivrons pas, comme crut le faire Rome, des difficultés de ce grand problême social, en envoyant périr au loin les Spartacus Lyonnais. Dieu fit chaque terre pour une race, et l'économie politique dit, comme lui, à chacune d'elles : Crois et multiplie; mais elle ne lui dit pas plus qu'elle ne dit au chêne : Enfant du Nord, transplante-toi sous l'équateur.

Visiter, voyager, commercer, voilà la vie des races entre-elles; coloniser, exception rare, pour laquelle l'économie politique future devra exiger une similitude de climat, de température, de conditions hygiéniques de tout genre ; ou bien qu'elle commandera, ainsi que la politique, et comme exceptions plus rares encore, lorsqu'une œuvre universelle nécessitera de grands dévoûmens.

Et malgré tout ce que je vous dis là, le livre de M. Montmartin me paraît renfermer l'idée la plus large, la plus complète qui ait été émise dans ces temps-ci, non seulement sur la question d'Orient, mais sur la politique universelle ; je lui reprocherais presque l'excès sous ce rapport, parce que, je le crains, ce sera une raison pour que les praticiens politiques n'y attachent pas l'importance qu'elle mérite, et la traitent comme une utopie.

Tant que, pour résoudre la question d'Orient et d'Occident, je le dis comme M. Montmartin, on ne la ramènera pas à une question *d'intérêt bien entendu*; mais j'ajoute de suite : pour l'Orient aussi bien que pour l'Occident; tant qu'on cherchera ce que *nous y gagnons*, sans s'inquiéter de ce que *l'Orient y gagne*; et d'un autre côté, tant que notre orgueil nous aveuglera au point de nous faire croire que les Orientaux ont tout à gagner à nous connaître, et que si nous allons à eux, c'est pour obéir à notre généreuse philantropie qui veut *civiliser ces barbares*, on sera en dehors de la vérité ; M. Montmartin me paraît suivre la première voie d'erreur, et l'opinion publique est généralement dans la seconde ; c'est vous dire que *je ne nous crois pas* encore près d'une heureuse solution.

POLITIQUE ÉTRANGÈRE.

QUESTION D'ORIENT.

V.

Alger, octobre 1840.

MON CHER AMI,

Je viens de lire dans la *Presse* du 10, la préface de Lamartine; c'est superbe presque partout; c'est admirable dans la seconde partie, lorsqu'il dit ce que ne devait pas être et ce que devait être la politique intérieure de la France; c'est grand et noble toujours. Au milieu des tristesses que nous apportent les nouvelles de l'état de la France, cela réjouit le cœur de lire ces belles pages, et cela donne espoir. Comme je vous l'écrivais en vous parlant des lamentations de Quinet, la France sent le cadavre, mais elle sent aussi le lait de l'enfance; elle finit sa mort, mais elle recommence sa vie; et Lamartine parle comme les prophètes doivent parler; il ne pleure pas sur nous et ne nous lance pas l'anathême; il ouvre l'avenir et nous appelle à y entrer. Quel memorandum à côté de celui de Thiers!

Et pourtant, vous le savez, un désir me reste encore dans l'âme, chaque fois que j'écoute Lamartine parler de l'Orient. Comment un Français, un chrétien, un prophète de l'humanité entière, peut-il si souvent s'arrêter devant cette idée, que l'empire ottoman se meurt, que l'Islamisme pousse son dernier soupir, sans se retourner sur lui-même et dire : moi, aussi, Français, j'ai vu tomber la noblesse et crouler les trônes ; moi aussi, chrétien, j'ai vu et je vois Rome épuisée, l'Eglise brisée en miettes, et le successeur de Saint-Pierre plus blême encore que le successeur du Prophète. La France, fille aînée de l'Eglise, depuis un demi-siècle aussi, n'a-t-elle pas incliné sa tête vers la tombe, plus profondément et plus bas que la tige d'Osman ? Cet enfant, fils de Mahmoud, n'est-il pas encore plus roi que Louis-Philippe, que les reines d'Espagne et de Portugal, et même que la jeune reine d'Angleterre ?

C'est qu'il y a en Orient, comme chez nous, une mort qui finit, mais aussi une vie qui commence, un germe qui fermente ; il y a pour l'Orient, un avenir *propre à l'Orient*, et non un avenir que nous lui ferions à notre guise, et surtout que nous lui ferions avec l'élément le plus vieux qu'il renferme dans son sein, avec des Juifs, des Chrétiens de mille sectes, des Syriens, en un mot.

Certes, je suis loin de dire que notre contact n'est pas nécessaire pour cet enfantement d'une vie nouvelle en Orient, mais il faut que nous touchions aussi l'Orient pour voir grandir et s'épanouir cette vie nouvelle qui est en nous ; car le signe de la nouvelle vie, pour chacun de ces deux mondes, est précisément le symbole d'*union* de ces deux mondes, leur commune *religion*.

Que la race d'Osman finisse comme celle des Capet ; que l'empire turc se démembre comme a été démembré celui de Charlemagne ; que l'Islamisme turc, persan et marocain, se divise encore en Wahabites, en sectateurs de Méhémet-Ali et en sectateurs d'Abd-el-Kader, comme le christianisme romain et grec a eu ses milliers de sectes, est-ce à dire que les populations de l'Islam vont disparaître? le monde chrétien vit bien encore. — Est-ce à dire que ces populations sont à notre merci, et se livreront en pâture? mais la même raison, notre mort à nous-mêmes, leur donnerait droit de dévorer notre cadavre ; et c'est ce que fait Abd-el-Kader, c'est peut-être ce que font en Syrie Ibrahim et Soliman à cette heure, c'est peut-être, Dieu nous en préserve ! ce que font les musulmans égyptiens avec les Chrétiens du Caire et d'Alexandrie; car Méhémet-Ali a dans son arsenal la dernière raison de l'Islam, la guerre sainte.

Pourquoi faut-il que Lamartine soit encore de ces Chrétiens présomptueux qui disposent des nations de l'Orient comme les traités de 1815 ont disposé des peuples d'Occident, qui les partagent et les parquent comme du bétail?

Et d'ailleurs, maintenant que cet *Ancône syrien* nous est échappé, maintenant que la question s'est terriblement compliquée, que faut-il que fasse la France? J'ai cherché inutilement, dans la préface, réponse à cette question.

C'est qu'avec la conviction de la mort de la race turque, et de la nullité de ce pacha d'une *petite province turque*, il n'y a pas d'autre solution possible que celle-ci : Constantinople sera la troisième capitale de l'empire russe; l'Egypte et la Syrie seront colonies anglaises, et avant peu Tripoli et Tunis seront colonies autrichiennes; et nous avons l'Algérie.

Il est très possible, en effet, que ce plan de *partage* soit celui de plusieurs diplomates. A vrai dire, partage pour partage, j'aimerais mieux Tunis pour la France que la Syrie, sur laquelle les Autrichiens ont au moins autant de droits que nous; j'aimerais mieux Tunis, en supposant que nous gardassions Constantine et Alger; et je compléterais l'envahissement européen, en faisant à l'Espagne le triste cadeau de son vieil Oran.

Mais tout cela n'est pas œuvre du dix-neuvième siècle, c'est de la politique romaine ou plutôt vandale, c'est une diplomatie de patriciens à l'égard des esclaves, c'est au dessous même de la conquête d'Amérique, et grâce à Dieu nous ne sommes pas Chrétiens à la mode de Pizarre, et nous n'égorgerons pas les Peaux-Noires, comme les Chrétiens d'Amérique, pendant trois siècles, ont égorgé les Peaux-Rouges, un crucifix à la main.

Esprit de *conquête*, quand céderas-tu la place à l'esprit d'*association?*

Et quels sont donc ces Européens qui croient, en conscience, porter à l'Orient une foi meilleure que la sienne, un ordre social meilleur que le sien, une morale plus pure que la sienne? Que croient-ils eux-mêmes? à qui obéissent-ils et qui leur obéit? sous quels tas d'ordures cachent-ils leur morale? Le temps des Godefroy et des Richard n'est plus, à quoi voulons-nous *convertir* les infidèles? Rome se tait, le pape ne parle qu'à peine à la ville et ne dit plus rien à l'univers : *Urbi* NON *orbi*.

Je vous l'ai déjà dit : Si *toute la chrétienté* avait voulu s'entendre pour faire cesser la piraterie, nous jouirions du double bonheur de n'avoir ni la piraterie ni l'Algérie. De même, si toute la chrétienté avait voulu un canal gigantesque à Suez et un autre vers l'Euphrate, elle l'aurait; et si elle avait voulu couvrir l'Asie mineure d'un réseau de chemins de fer, rattachant Smyrne et Constantinople à Bagdad, à Ispahan, à Calcutta et jusqu'à Pékin, le sultan aurait dit : Faites. A quoi sert donc de *prendre?* Alger est là, vous pouvez voir ce qu'il pèse; jamais Barberousse n'a été si lourd aux Chrétiens qu'Abd-el-Kader.

Lamartine a reconnu, dans son grand discours sur l'Orient, qu'il s'agissait aujourd'hui de *rejoindre* deux mondes; il n'est pas nécessaire pour cela de conquérir, de détrôner. Si les musulmans de Constantinople continuent à apprendre le français, les mathématiques, s'ils ont nos théâtres, nos plaisirs sous les yeux, s'ils boivent même du vin et ne prennent plus qu'une femme, comme la plupart le font aujourd'hui, ils seront bientôt à nous, mille fois plus que si nous les avions conquis par la force, et mille fois plus à nous qu'aux Anglais et aux Russes.

Selon moi, un chanteur, un danseur, un acteur français, à Constantinople, valent mieux que des compagnies de grenadiers. *Gagner du temps*, pour la question dite politique, question insoluble dans les termes où tout le monde la pose, est donc beaucoup, si durant ce temps on emploie mille moyens d'influence qui ne sont pas réputés politiques, et qui sont pourtant les seuls qui *rejoignent*, ou mieux encore, qui *relient* les peuples, moyens, par conséquent, très *religieux*. Il n'y a pas un seul de ces moyens qui coûte autant qu'un vaisseau ou un régiment.

Les Chambres ne comprendraient pas cela, direz-vous! Oh! vous avez bien raison; mais aussi qui donc compte sur les Chambres pour entendre quelque chose? Lamartine est le seul qui fasse quelques trouées au nuage lourd qui s'élève à l'horizon, et il leur montre le ciel à travers ! (il est vrai un ciel trop sillonné d'éclairs et bruyant de tonnerre); ils l'appellent rêveur ! ils ont, ma foi, raison; car c'est rêver de vouloir faire voir des aveugles, surtout avec les éclairs et la foudre, et je maintiens que Lamartine a, en outre, le tort de parler à des aveugles comme à des *voyans*. Oublie-t-il donc qu'il n'y a pas un seul petit poète à la chambre, sauf Fulchiron ! et que Viennet lui-même n'en est plus !!! Avocats et épiciers, qu'est-ce que ça peut savoir de l'Orient ? M. Thiers et M. Villemain sont sans doute de bien habiles orateurs, mais vraiment, comment pourraient-ils sentir le saint lieu de la beauté et de la grandeur, le pays de la femme et du soleil !

J'en veux à Lamartine de présenter sa *rejonction* des deux mondes, comme une espèce de conquête à l'instar d'Alexandre-le-Grand, de glorieuse mémoire; c'est bien assez d'Alger, et j'espère que c'est la dernière et triste parodie du vieux procédé de civilisation, la conquête. Mais je lui en veux surtout d'avoir grisé son auditoire, pour lui faire avaler sa pilule orientale, en lui versant force rasades de ce champagne patriotique du Rhin et des Alpes. *Puisqu'il sait qu'on l'accuse de se préoccuper trop des intérêts généraux de la civilisation, pour un patriote,* il faut qu'il en prenne son parti et qu'il ne donne pas aux amoureux transis de la patrie et de la gloire, le plaisir de chatouiller leur passion surannée et fanée.

Je m'aperçois que je fais comme tout le monde ; je raisonne comme si nous n'avions qu'à donner à ces barbares musulmans, et rien à recevoir d'eux. Nous avons des sentimens si élevés, une raison si droite, des arts si nobles, si grandioses, qu'il nous semble, fats que nous sommes, avoir tout à enseigner et rien à apprendre ! C'est la thèse inverse que j'aimerais à voir soutenir à la Chambre et dans la presse, par un Français un peu Bédouin, un peu paysan, non du Danube, mais de l'Euphrate et du Nil, ou bien un peu pacha. Ah ! comme un Abd-el-Kader ou un Méhémet-Ali arrangerait nos glorieux avocats et nos vaniteux épiciers, s'il parlait français comme Lamartine ! Vous qui me dites : *Je nous fais pitié !* que diriez-vous si vous étiez Arabe ? Comment cette pensée ne naît-elle pas de suite, chez un homme qui vit depuis plusieurs années dans la Chambre des députés et qui a vu Constantinople, Smyrne, et la Syrie? Certainement Lamartine n'a pas rencontré un cheick du plus petit village, qui n'ait plus de dignité personnelle, de tenue, d'aplomb, de calme, plus de goût sur sa personne et dans ses plaisirs, plus de noblesse, enfin, dans ses manières et dans sa parole, que tous nos sous-préfets, préfets, députés (députés surtout) et ministres.

Les croisés ont voulu délivrer le tombeau du Dieu d'abstinence et de pauvreté, ils en ont rapporté le goût du luxe et des plaisirs ; que rapporterons-nous de l'Orient, nous, apôtres de l'indépendance, de la liberté, de l'incrédulité? L'obéissance, l'ordre et la foi.

POLITIQUE ÉTRANGÈRE.

QUESTION D'ORIENT.

VI.

Bone, novembre 1840.

MON CHER AMI,

J'ignore si ce que je vais vous écrire aura le sens-commun quand je recevrai les premières nouvelles de France; mais il pleut, je garde la maison pour un rhume; je suis quelque peu malingre, et j'ai besoin, ne fût-ce que comme bon médicament pour moi, de causer avec vous de la maladie actuelle de la France, de l'Europe, du monde.

A défaut de nouvelles du *jour*, reprenons les choses d'un peu loin.

Sans remonter jusqu'au déluge, reportons-nous à la *Sainte-Alliance* de 1814, premier effort d'association européenne, non pas contre la France, mais contre celui que Ballanche appelait le génie du retardement.

Il y a quelque chose de semblable dans ce que la même alliance vient d'entreprendre contre un élève, un imitateur, un disciple de Napoléon, contre Méhémet-Ali.

Malgré notre affront de 1815, si sensible à Quinet, et pourtant si mérité, je ne crois pas qu'il y ait homme raisonnable qui, jugeant l'événement dans l'intérêt général de l'Europe, ne rende justice à la Sainte-Alliance de 1814, et je fais peu de cas de l'opinion d'un Français qui ne reconnaîtrait pas que, même dans l'intérêt de la France, dans l'intérêt de son rapide développement, la chute de Napoléon, la Restauration imposée, la paix commandée, ont été d'excellentes choses ; ce qui n'empêche pas de concevoir que beaucoup de bons Français aient trouvé et trouvent encore les conditions un peu dures et un peu humiliantes pour notre orgueil, si exalté par notre gloire napoléonienne.

Le premier effort d'association européenne a donc été *pour* nous, en définitive, quoiqu'il ait été fait, en apparence, *contre* nous.

Le second effort se fait *sans* nous, contre Méhémet-Ali, et j'ajoute : *pour* l'Egypte. En d'autres termes, l'Egypte a eu sa *révolution* qui a détruit l'ancien gouvernement des mamelucks ; elle a eu son despote envahisseur, son empereur, son Napoléon, Méhémet-Ali ; elle va entrer dans sa *Restauration*.

Ce qui se passe à l'égard de l'Egypte, est, quant à l'Orient, l'analogue de ce qui s'est passé dans l'Occident, à l'égard de la France.

Un régime de paix forcée, imposée, garantie, va commencer, et il en ressortira des fautes et des avantages semblables aux fautes commises et aux avantages obtenus par notre Restauration. Je veux dire que si la Sainte-Alliance n'a pas pu empêcher la France d'avoir son 1830, de même aussi elle négligera, dans la Restauration orientale, l'élément correspondant à celui qui, chez nous, a fait mettre à la porte Charles X. Elle négligera cet élément, si nous-mêmes nous n'intervenons pas dans cette alliance, de tout le poids de notre propre expérience, ou du moins si nous ne signalons pas et ne développons pas directement, par notre propre influence en Orient, l'élément répulsif de la restauration musulmane.

L'autocratie musulmane est finie depuis Méhémet-Ali, depuis l'affranchissement des Grecs, comme l'absolutisme monarchique était mort avec Louis XVI et par la Révolution française. La noblesse musulmane a eu sa guillotine, pour les janissaires de Stamboul et pour les mamelucks du Caire, pour les pachas de la Grèce et pour le dey d'Alger ; le Koran a presque trouvé des Voltaire, et le réformateur Mahmoud est mort en ivrogne, prenant l'opium comme contre-poison.

Une restauration est donc aussi impossible en Orient, qu'elle l'a été en Occident, malgré la charte d'Abdulmedgid, comme malgré la déclaration de Saint-Ouen et la charte de Louis XVIII.

Ce que la Sainte-Alliance actuelle a bien compris, c'est que Méhémet-Ali avait accompli son temps, comme Napoléon le sien en 1814 ; mais ce qu'elle ignore, comme en 1814, c'est l'influence de cette *destruction* du passé dans la *reconstruction* de l'avenir, et voilà pourquoi elle voudra *restaurer* des ruines, là où il faudrait *édifier*.

Je sais très bien qu'en voulant faire trop vite ce qui ne doit et ne peut se faire que plus tard, on commet une grave erreur ; Dieu ne permet pas impunément de sauter des intermédiaires ; mais il a donné à l'homme la prévoyance et la science, pour rendre ces inévitables intermédiaires ou plus courts ou moins douloureux, et certainement c'est l'expérience terrible de 93 qui nous a permis de faire en trois jours notre révolution de 1830.

En parlant de l'erreur que commettra la Sainte-Alliance actuelle envers l'Orient, mon intention n'est donc pas de chercher si l'on peut *empêcher* cette tentative de restauration, tentative très légitime et indispensable, mais je voudrais que, retournant les yeux vers notre passé, et discernant les avantages et les dangers de notre propre restauration, il nous fût possible d'aider la restauration musulmane dans ce qu'elle a de *progressif*, et de la combattre dans ce qu'elle a de *rétrograde*.

Pour que ces deux mots soulignés n'induisent pas à erreur, un exemple est nécessaire.

En général, la restauration bourbonienne a été progressive au fond et rétrograde par la forme. Ainsi elle a voulu réveiller en France le sentiment *religieux*, celui de l'*autorité*, celui du *devoir* ; rien de mieux ; mais elle a employé des moyens tels que jamais Voltaire n'a été imprimé et lu davantage que sous la Restauration; elle a réveillé tout le XVIIIe siècle engourdi par Napoléon, et l'a fait (involontairement sans doute) circuler dans les rangs les plus inférieurs de la société, tandis qu'une très faible élite de la génération présente cherchait un Dieu, une foi, une loi. L'intention était progressive et le moyen était rétrograde.

C'est ce qui arrive chaque fois qu'on *restaure* quelque édifice ruiné. Il est clair que le désir, l'intention d'être logé est chose très naturelle et très légitime; par conséquent on doit savoir gré à ceux qui veulent éclairer, sous ce rapport, des sauvages prétendant que l'homme n'a pas besoin de maisons, comme les sauvages qui prétendaient, contre Voltaire lui-même, que l'homme pouvait se passer de Dieu; mais si vous engagez ces susdits sauvages à rentrer dans le logis qu'ils ont miné, saccagé, renversé, dont ils ont enlevé le toit et les portes et brisé les vitres, vous aurez beau badigeonner la barraque, ils vous enverront promener.

La *Restauration* musulmane sera l'inverse de la nôtre; elle sera rétrograde au fond, dans l'intention, et progressive par la forme, de même que la *Révolution* musulmane a été l'inverse de la nôtre; celle-ci a été faite *par en bas* et l'autre *par en haut*; l'une par le *peuple*, l'autre par Sélim, Mahmoud et Méhémet-Ali, par des *rois*. Chez nous les masses ont devancé leurs chefs, chez eux les chefs ont, de très loin, devancé les masses.

Or, quel est le sens définitif de nos révolutions européennes, de nos révolutions, filles de l'Evangile, inspirées par la *fraternité* et l'*égalité* des enfans d'un même père? C'est la part à donner aux inférieurs dans l'*élection* des supérieurs, pour tous les grades de la hiérarchie sociale; c'est la portion de vérité qui se trouve dans la maxime de la *souveraineté du peuple*. Quel est, au contraire, le sens définitif des révolutions musulmanes, des révolutions, filles du Koran, inspirées par cette orgueilleuse foi qui donne à tout croyant la confiance que, si *cela est écrit*, il est de taille à gouverner toute la terre? C'est la part légitime d'*autorité* à assurer aux supérieurs sur les inférieurs, dans tous les grades de la hiérarchie sociale.

Chez nous, c'est une garantie pour la *liberté*, pour l'*individualité* que nous cherchons; chez eux, c'est une garantie pour l'*autorité*, pour la *société* qu'il faut trouver.

Ceci paraît un paradoxe, mais cela devient une vérité, si l'on compte le nombre des sultans, des visirs, des pachas, des beys, qui sont morts étranglés, empoisonnés, assassinés. Le *peuple français* a démoli la Bastille, massacré les Suisses, guillotiné son roi, tandis que c'est le sultan Mahmoud qui a tué les janissaires étrangleurs de sultans, c'est Méhémet-Ali qui a tué les mamelucks étrangleurs de beys, c'est Achmet bey de Constantine qui a tué ses Turcs, pour n'être pas détrônés et tués par eux.

Oui, c'est le sentiment de l'*autorité*, inspiré d'une façon exagérée à tous les musulmans par le Koran, comme celui de la *liberté* a été exalté chez tous les chrétiens par l'Evangile; c'est lui qui a miné l'empire ottoman; c'est lui dont l'explosion se voit dans cette grande lutte d'un vassal réclamant, chose inouïe! non seulement la perpétuité viagère de son autorité, mais l'hérédité! l'hérédité du pouvoir! prétention aussi monstrueuse, dans la constitution autocratique de l'empire ottoman, que l'eût été, dans nos vieux temps de féodalité, le désir qu'aurait eu un duc de Bourgogne de vendre son duché à un vilain.

C'est le sentiment de l'*autorité* qui, chez les musulmans forts, veut aujourd'hui sa part dans l'ordre social, comme chez nous le sentiment de *liberté* a remué les masses vigoureuses du peuple; c'est à lui que se rattachent ces tentatives récentes de *nationalités* qui se sont manifestées dans plusieurs membres de ce grand corps ottoman; c'est lui qui pousse Abd-el-Kader à trancher du sultan, et qui arrachera Tunis et Tripoli à La Porte, malgré la leçon, et peut-être à cause de la leçon que l'Europe donne à Méhémet-Ali.

En un mot, l'Europe prétendra *restaurer* ce corps démembré, tandis que l'œuvre du siècle est l'*organisation de chacun de ses membres*, animés d'une vie propre; et lorsque déjà la France a défendu, protégé Méhémet-Ali, elle ne pouvait donner à sa conduite un motif légitime qu'en montrant dans l'œuvre de Méhémet-Ali cette tendance à organiser la *nationalité* égyptienne, et à rompre ainsi la lourde unité musulmane.

Ce long préambule théorique vous paraîtra obscur, mais je crois nécessaire de le bien comprendre pour admettre la pratique qui en découle, et je vous engage même à le relire avant d'aller plus loin.

J'ai raisonné comme si j'avais appris que Méhémet-Ali avait eu un Waterloo et Sainte-Hélène; c'est qu'à vrai dire, je crois que les alliés, y compris le sultan, ne se soucient pas plus de lui que les alliés ne se souciaient de Napoléon à Châtillon, en 1814. On a pu, pour faire plaisir à la France, se récrier contre l'excommunication du sultan, comme Alexandre a pu croire que l'excommunication du pape contre Napoléon n'aurait pas son plein et entier effet; mais, je le répète, la destinée de Méhémet-Ali est accomplie.

La diplomatie et l'opinion française se sont malheureusement placées sur un terrain qui, en présence de cette déchéance, nous donne une position difficile. Nous avons fait une question trop personnelle à Méhémet, d'une question de *nationalité* égyptienne; le moment est venu où la personne de Méhémet-Ali, après avoir été un instrument puissant d'affranchissement et, sous certains rapports, d'avancement pour l'Egypte, n'est plus qu'une condition de *retardement* pour elle, comme Napoléon pour la France, en 1814. Il l'a épuisée d'hommes et d'impôts, pour faire sa grande œuvre; mais un pareil homme n'a pas deux vies, la sienne est pleine, et sa *dynastie* est une illusion; et Ibrahim Pacha n'a pas plus d'avenir que n'en a eu le roi de Rome.

Méhémet-Ali est Turc, il n'est pas Egyptien; là est toute la question. Le gouvernement de la race turque se meurt en ce moment dans tout l'Orient; il se meurt pour revivre puissant un jour, là seulement où il doit vivre, dans l'Asie Mineure. La nationalité turque doit se former, aussi bien que la nationalité égyptienne, que la nationalité grecque, et bientôt sans doute que la nationalité syrienne; tel est l'avenir, la France le pressent confusément, les alliés du sultan l'ignorent.

L'Égypte n'est pas complétement prête à entrer dans cette vie nouvelle; mais elle a bien fait des pas qui l'en ont rapprochée; elle les a faits par Méhémet-Ali qui la dépouillait et la décimait, et qui pourtant lui donnait *conscience d'elle-même*. Aucun chef turc n'a autant et aussi vite élevé son peuple enfant à la vie de jeunesse, mais il faut lui faire atteindre la virilité; aux leçons du pédagogue armé de la férule, doit succéder l'éducation plus libérale de l'apprentissage de la vie du monde. Sans métaphore, la génération qui sort en ce moment des nombreuses écoles fondées par Méhémet-Ali, les jeunes Égyptiens qu'il a envoyés étudier en Europe, sont des moniteurs prêts à faire marcher le peuple d'Égypte dans sa voie; et ces capitaines et même ces soldats que Méhémet a armés le premier, tandis que jamais les Turcs n'avaient jugé les Egyptiens dignes de porter les armes, sont les enseigneurs de cette nationalité. Eh bien! voilà les hommes qui protesteront, d'abord sourdement et au fond du cœur, contre la restauration du gouvernement turc, du gouvernement de Constantinople, en Egypte; là sont les BenjaminConstant, les Foy, les Périer, les Thiers de la restauration orientale; ce sont eux qui tendront vers un 1830; c'est sur eux que la France doit porter spécialement son attention, pour apprécier le mouvement politique qui succédera aux décisions de l'alliance européenne et de la Porte.

Quelle que soit donc la destinée faite en ce moment à Méhémet-Ali, ce n'est plus sur lui que la France doit jeter les yeux; qu'on lui laisse une ombre de pouvoir, ou qu'on envoie de Constantinople quelque Pacha du Divan pour lui succéder, pour nous la règle de conduite est la même. S'il reste, nous devons lui *conseiller* de laisser s'éteindre en Egypte l'autorité de la race turque, et d'organiser l'autorité nationale; s'il est remplacé, nous devons *nous opposer* à ce que son successeur *restaure l'autorité turque*, et rabaisse l'autorité naissante des nationaux.

A nous Français, à nous possesseurs de l'Algérie, *d'où nous avons chassé les Turcs*, à nous sauveurs de la Grèce, *d'où nous avons chassé les Turcs*, il appartient de continuer, en Egypte d'abord, et certainement plus tard à Tunis, à Tripoli, et dès aujourd'hui aussi en Syrie, l'œuvre voulue de Dieu, à laquelle nous nous sommes si généreusement associés.

Tel est l'esprit dans lequel nous devons envisager les affaires d'Orient, nous qui, seuls en Europe, pouvons voir dans le contact de l'Europe et de l'Orient autre chose que l'intérêt de l'Europe, et qui pouvons comprendre et favoriser l'intérêt de l'Orient lui-même. Là aussi est le véritable intérêt de l'Europe, que méconnaissent tous ceux qui, sous une forme quelconque, regardent l'Orient comme une proie.

Mais tout ceci n'est encore, pour ainsi dire, qu'un exposé de *principes*; arrivons à des *faits*.

J'ai appris avec plaisir qu'un ingénieur français, M. Cordier, était en ce moment même occupé de vérifier le bel avant-projet de la commission d'ingénieurs, chargée par Napoléon en Egypte, de résoudre le problème de la jonction des deux mers. J'ignore s'il a reçu mission du gouvernement français, mais j'espère qu'il en est ainsi, et je me réjouis de ce que nous sommes là à notre poste. Tandis qu'on bombarde les ports de la Syrie, nous sommes déjà à l'œuvre qui doit succéder à ce bombardement, et qui en est même, en partie, la cause dissimulée. Il y va de notre honneur, c'est à nous à tracer cette grande voie de communication universelle que Napoléon a voulue, qu'il a fait étudier et que nous devons réaliser. Mais si les alliés ont osé, malgré nous, armer leurs vaisseaux, brûler les villes de la Syrie, révolutionner le Liban; s'ils ont jeté des milliards à poignée dans cette violente entreprise, est-ce que nous ne pourrions pas, même malgré eux (ils n'oseraient pas s'y opposer), déployer aussi un appareil de force pacifique, productive, là où ils ont prodigué leur puissance dévastatrice? Est-ce que, pour une œuvre comme celle de Suez, au lieu de mettre en campagne *un* ingénieur, M. Cordier, nous ne pourrions pas avoir aussi quelques bateaux à vapeur sondant la côte de Peluse, entre Damiette et El-Arich, quelques brigades d'ingénieurs et de piqueurs nivelant les trente lieues de désert, cherchant les puits, les carrières, les moyens de transport, préparant, en un mot, cette belle conquête de l'homme sur la nature, aussi belle que la découverte du cap de Bonne-Espérance?

Que la France fasse donc une grande chose en Egypte, et qu'elle ne se borne pas à de petits moyens qui empêchent de voir en elle l'héritière de ce Napoléon que les Egyptiens ont admiré aux Pyramides; car ils aiment le grand, les Egyptiens, et nous avons beau leur envoyer un ou deux ingénieurs, quelques médecins et quelques professeurs, ils doivent nous trouver bien petits, quand ils voient les Anglais, avec quelques milliers d'hommes, écraser leur Napoléon, malgré nous!

Déjà j'avais fait remettre au duc d'Orléans, et communiquer au maréchal Soult, un projet d'un autre ordre (l'institut égyptien à fonder au Caire sous l'influence française), par lequel j'exprimais le désir de régulariser sur une grande échelle cette émission de lumières que la France verse par petits rayons, depuis vingt ans, sur l'Egypte. C'est qu'il faut, en effet, que nous fassions là, comme *science* et comme *industrie*, quelque chose d'aussi grandiose que cette expédition de trois mois de la Sainte-Alliance européenne, si nous ne voulons pas décidément passer pour impuissans.

On a répondu à mon projet, tout en approuvant ses bases et l'intention qui l'avait dicté, que le moment n'était pas opportun. Eh, mon Dieu! dans quel moment sera-t-il plus opportun que la France se montre vivante et grande! Est-ce que toute l'Europe et l'Orient surtout ne la croient pas suffisamment abaisssée et morte? est-ce que ceux qui pensent encore que le canon est la dernière raison des rois et des sultans ne doivent pas vite apprendre de nous qu'il y a une raison qui parle plus haut encore, et qui porte plus loin, et que celle-là nous la possédons dans notre arsenal pacifique?

Portons donc notre force pacifique et productrice en Egypte, puisqu'ils ont voulu, eux, y porter leurs armées; luttons ainsi avec ces rivaux qui nous jalousent; soyons, comme naguère, mais d'un autre manière, leurs maîtres; vengeons-nous ainsi des traités de 1815?

Et maintenant, reprenez dans votre pensée les principes que je vous ai exposés en commençant cette lettre; figurez-vous ce noyau d'élite, semé par la France au milieu du peuple égyptien; songez à la mission de ces hommes de science et d'industrie, travaillant à une œuvre *universelle*, sur la terre *la plus illustrée* par l'histoire du passé, qui redevient, par la communication des deux mers, *la plus riche* terre de l'avenir. Est-ce que ce n'est pas là enfin la véritable résurrection de la nation égyptienne? Est-ce que les Turcs ont quelque chose à voir et à *gouverner* là dedans? Est-ce que nos ingénieurs français ne retrouveront pas des camarades et des frères dans ces jeunes Egyptiens qui ont été élevés en France? Est-ce qu'ils ne retrouveront pas même des enfans, dans les élèves de

Lambert, de Bruneau, de Perron, des écoles polytechnique, d'artillerie et de médecine? Ce ne sera donc plus de Méhémet-Ali ou de son successeur que la France sera l'alliée; elle sera l'alliée du peuple égyptien, du peuple pacifique et producteur de la vallée du Nil, du peuple-roi de l'Orient dans l'avenir, comme il l'a été dans le passé.

Oh! ce n'était pas un rêve cette pensée de Leibnitz, ce n'était pas une folie cet acte de Napoléon; les deux plus grands hommes de la pensée et de l'action ne se sont pas trompés; la France et l'Egypte sont sœurs, elles ont une commune destinée; c'est par elles deux que s'opèrera l'union de l'Orient et de l'Occident, de l'Islamisme et du Christianisme.

Non seulement le moment est opportun, mais le temps presse. Malgré toutes les promesses diplomatiques, c'est folie de croire que cette invasion de l'alliance européenne n'aura pas, comme nous avons eu en France, en 1815, *son armée d'occupation*; la Syrie révoltée ne sera pas mise à la raison par des Turcs seuls; l'Egypte elle-même n'aura pas été impunément troublée; Méhémet-Ali, après ses défaites, serait tout aussi impuissant à maintenir l'ordre que le serait son successeur turc, quel qu'il fût. Les alliés conserveront non seulement une flotte imposante, mais ils auront des Ancône, comme Lamartine en voulait un, bien à tort, pour la France. Nous aussi, cependant, nous devons avoir notre *armée d'occupation*, mais armée pacifique, et il nous la faut forte, puissante, respectable, imposante. Le monde saura que nous n'y apportons pas un fusil, une cartouche, un canon, mais il apprendra aussi que nous *voulons*, entendez-vous bien, que nous voulons, nous pauvres petits Français, joindre deux mers.

POLITIQUE ÉTRANGÈRE.

QUESTION D'ORIENT.

VII.

Bone, décembre 1840

MON CHER AMI,

En relisant ma longue lettre sur l'Egypte, je crains que vous ne trouviez sa partie théorique beaucoup trop longue et sa partie pratique trop courte ; je sens donc la nécessité de la reproduire dans des proportions inverses. Mon gout particulier me porte (étranger, comme ma position m'y oblige, à la *pratique* politique) à donner une importance démesurée aux motifs des actes que je crois bon de faire; d'ailleurs, si ces actes répondent à un sentiment général, il est inutile, je le sais, de s'appesantir beaucoup sur les raisons qui doivent les faire réaliser. Or, le sentiment général va évidemment pousser la France à faire autre chose que se croiser les bras; c'est même ce besoin d'une grande action pour elle, dans la question orientale, qui a entraîné bien des esprits à prêcher la guerre, parce qne le vulgaire croit encore que les grandes actions ne se font qu'avec le canon. La difficulté n'est donc pas de donner ce besoin d'action à la France, c'est de l'amener à concevoir que notre rôle pacifique peut être aussi grand et plus grand même que le rôle des alliés. Pour cela il est indispensable d'appuyer sur l'œuvre à faire, sur les moyens et les hommes à employer, beaucoup plus que sur les *principes*, pour ainsi dire métaphysiques, qui font choisir telle œuvre, tels hommes, tels moyens.

Adieu donc à la métaphysique des *analogies* et des *différences* de l'Orient et de l'Occident; reprenons les faits, et pour cela laissez-moi vous ramener à mon voyage de 1833 et à mon séjour de trois ans sur le Nil.

Vous vous souvenez que lorsque le roi m'ouvrit ma prison, ce ne fut pas une fantaisie qui me dirigea vers l'Égypte, avec plusieurs ingénieurs, médecins, savans, agriculteurs. Nous nous sommes trouvés ainsi en Orient, depuis Constantinople, Smyrne, les Iles, la Syrie, jusqu'à Thèbes, cinquante pèlerins à peu près, parcourant à l'avance le théâtre où nous pressentions qu'allait se jouer la scène du XIXe siècle, l'union de *l'Orient et de l'Occident*; nous allions là, comme dans un siècle plus tard (peut-être moins, je l'espère) nous irions à Panama, comme nous serions allés avec Colomb en Amérique, à son premier voyage; nous marchions en *éclaireurs*.

Nous avons tenté de lancer Méhémet-Ali dans la grande œuvre de la jonction des deux mers, et nous poursuivions auprès de lui cette belle entreprise, en même temps que quelques-uns d'entre nous se livraient, comme ingénieurs, comme professeurs, comme artistes, à des œuvres utiles à l'Egypte. Tous, après des courses lointaines, jusqu'en Arabie et dans l'Abyssinie même, revenaient au Caire, comme à un quartier-général, rapporter leurs observations; enfin quelques-uns se faisaient de l'Egypte une seconde patrie; et aujourd'hui même que le plus grand nombre de ces pèlerins est rentré en France, les derniers, restés en Egypte, y sont chefs d'écoles, professeurs, ingénieurs ou même attachés à l'armée active.

Le Pacha recula devant le *canal*, se rabattit sur un *chemin de fer* de Suez au Caire, dont il fit venir les rails d'Angleterre et qu'il n'exécuta pas, absorbé, comme il l'était, par un autre projet industriel indiqué également par Napoléon, le *barrage du Nil*, projet auquel plusieurs d'entre nous travaillèrent, où notre brave capitaine Hoart s'épuisa et trouva la mort, où quelques bons ouvriers que nous avions amenés de France furent enlevés par la peste.

Le barrage paraissait à Méhémet-Ali une œuvre *nationale*, tandis qu'il voyait dans le canal de Suez une œuvre *universelle* dont il se souciait peu ; le barrage l'absorbait donc, et bientôt les difficultés de sa situation politique, plus encore que les très grandes difficultés du barrage, lui firent perdre de vue toute grande œuvre pacifique, pour se préparer et se livrer exclusivement à la guerre.

C'est alors que je revins en France, ainsi que la plus grande partie des hommes qui m'avaient accompagné en Egypte ; je revins plus certain que jamais de l'avenir prochain qui verrait l'Europe tout entière en marche vers l'Orient, et convaincu des grandes destinées du pays des Pyramides, lorsqu'il serait électrisé et régénéré par le contact immédiat de la science et de l'industrie européennes.

Ce séjour de trois années, dans les circonstances où se trouvait alors l'Orient, surtout avec l'entourage tout particulier d'hommes que j'avais avec moi, et les relations intimes que j'ai pu former avec les principaux agens de la puissance du vice-roi, me donnent confiance dans les idées que ce pays et ce peuple m'inspirent.

Si Méhémet-Ali est encore au Caire, en ce moment, peut-être un Pacha est-il déjà désigné dans le divan de la Porte pour lui succéder. Supposez même que je me trompe, quant à cette déchéance, supposez plus encore : supposez que la Porte consente à cette hérédité, monstrueuse à ses yeux, soyez certains qu'on imposera à Méhémet ses ministres, son ministre, qu'on le mettra en *tutelle*, et qu'on y mettrait également Ibrahim Pacha, Abbas Pacha, toute cette dynastie rêvée ; on voudra que cette restauration *soit une vérité* ; et Méhémet ne sera plus en Egypte que ce qu'étaient les Pachas envoyés par la Porte à Alger, un mannequin ; voilà pourquoi je suis convaincu que Méhémet-Ali ne se laissera pas condamner à ce triste rôle, ou du moins qu'il en sera promptement écrasé.

Quel que soit donc le sort réservé à Méhémet-Ali, je crois que la France doit veiller à ce que la Porte n'impose pas ou ne laisse pas imposer par les alliés, soit à Méhémet-Ali, soit à l'Egypte, un tuteur ou un maître, sans donner elle-même sa voix ; je crois qu'elle doit travailler à ce que ce tuteur ou ce maitre soit de son choix.

Je me sens arrêté ici par une idée qui me fatigue depuis plusieurs jours comme un rêve ; il faut que je vous la dise. Il me semble que Méhémet-Ali sera, ou du moins devrait être, à Paris, le jour où les cendres de Napoléon y seront amenées. Certes, c'est là aussi que devrait être Soliman Pacha, ce vieux soldat de l'Empire, vrai type des héros de la grande armée, qui a quitté la France après Waterloo et qui rentrerait en France après Beyrouth, avec double haine contre l'Angleterre et double amour pour la France. Que la France donne asile au Napoléon de l'Orient ; quel homme serait assez grand en France pour croire n'avoir rien à apprendre d'un aussi grand homme ! Qui sait s'il ne nous aidera pas à comprendre enfin ce que nous devons faire en Algérie ? Qui sait si nous n'apprendrons pas de lui un peu ce que c'est que l'*autorité ?* Et, d'ailleurs, n'est-ce pas le meilleur aide que nos diplomates puissent prendre pour la question d'Orient ? Mais laissons cette idée ; je le répète, quel que soit le sort fait à Méhémet-Ali, on lui fait son sort, il ne se le fait plus lui-même ; le vassal révolté redevient esclave. Occupons-nous donc des hommes qui, sans lui ou à côte de son fantôme, peuvent être favorables à l'Egypte.

La SCIENCE égyptienne est dans notre dépendance ; les écoles égyptiennes sont dirigées par des Français, nos livres élémentaires sont seuls traduits et enseignés ; la seule langue européenne qui soit enseignée est la langue française ; les médecins sont presque tous Français ; les ingénieurs, français ; les artistes, peu nombreux, également français ; enfin, comme je l'ai dit dans mon projet d'institut scientifique, nous n'avons ici qu'à *régulariser* et faire sur une *plus grande échelle* ce dont nous avons déjà vraiment le monopole.

Je n'en dirai pas tout-à-fait autant de l'INDUSTRIE, quoique le commerce d'Alexandrie soit presque autant français qu'anglais, parce que les fabriques, le transit de l'Inde, les importations d'Europe, la grosse population d'ouvriers européens, occupent plus d'Anglais ou Maltais que de Français. Mais en industrie, il ne s'agit pas seulement de régulariser et d'étendre ce que nous avons fait jusqu'ici; nous devons prévoir les conséquences de la situation complétement neuve où va se trouver l'Egypte; nous devons songer qu'il va se faire une révolution bien plus grande encore dans ce pays que celle qui a eu lieu lorsque le Pacha a commencé à y cultiver le coton, à y faire des fabriques, à diminuer la production des céréales, enfin lorsqu'il a changé l'Egypte des Mamelucks.

L'Europe compte sur l'Egypte maintenant pour être un lieu de passage, un entrepôt, une vraie *colonie* universelle.

Les fabriques du Pacha périront presque toutes; son autocratie agricole sera détruite; la population qui, dans ce pays, peut croître très rapidement, lorsqu'elle n'est pas décimée par la guerre, et plus encore par la misère à laquelle les impôts du Pacha la condamnent, s'augmentera encore de la masse d'étrangers que cette nouvelle destinée de l'Egypte appellera. Il faut donc, pour l'œuvre *industrielle* que la France doit accomplir en Egypte, une pensée plus large que celle qui a suffi à quelques négocians de Marseille pour favoriser le mouvement industriel de Méhémet-Ali; il ne suffit pas que notre gouvernement s'en rapporte aux lumières de l'intérêt individuel, et se borne à *laisser faire*; il faut qu'*il fasse faire*, qu'il *donne l'impulsion*, sous peine d'être devancé et dépassé par les Anglais, sous peine d'être exclu des avantages que nos rivaux tendent toujours et partout à monopoliser.

C'est pour cela surtout que j'ai présenté l'œuvre de Suez (qui dépasse, d'ailleurs, non seulement les facultés d'un individu, mais celles d'une association d'individus, parce que c'est une œuvre *politique* de premier ordre) comme le moyen par lequel la France devait installer en Egypte son *industrie*.

Pour faire gouvernementalement une pareille œuvre qui coûtera certainement beaucoup plus que si elle était entreprise par l'intérêt privé, il faudra un état-major régulier, organisé, qui remplira une fonction bien plus politique encore que celle de l'armée d'occupation des alliés; c'est sur cette petite armée de travailleurs pacifiques que devra se modeler l'évolution à faire subir à l'Egypte; elle sera notre diplomatie modèle, enseignant par l'exemple ce qu'il faut faire; véritable moniteur industriel, réapprenant à l'Egypte à faire des *canaux*, c'est-à-dire lui enseignant son premier métier, son métier naturel, gloire des Pharaons. L'œuvre de Suez ne devra donc pas être considérée par nous simplement comme une œuvre industrielle, elle sera surtout une œuvre politique, non seulement à l'égard de l'Egypte, mais aussi à l'égard de l'Europe elle-même, et ceci me conduit à examiner cette question ; savoir : l'Europe nous permettra-t-elle d'entreprendre, à nous seuls, la jonction des deux mers ?

Si nous n'obtenons pas de pouvoir dépenser ainsi notre temps et notre argent, lorsque les autres puissances européennes emploient les leurs, malgré nous, d'une façon si différente, je le répète, nous sommes impuissans ; nous sommes rayés de la liste des grandes nations ; nous sommes tombés au niveau de la Bavière, de la Sardaigne, de Naples et du Portugal. Nous devons être, au contraire, non seulement l'arbitre entre l'Europe et l'Egypte, le protecteur de l'*individualité politique* du peuple égyptien, mais aussi le modérateur, au profit de l'Europe et du monde entier, de l'ambition monopolisante de l'Angleterre.

Pour un but aussi grand, c'est donc sur une échelle toute particulière qu'il faut concevoir la composition du personnel et, en général, toutes les proportions d'une semblable entreprise ; ceci ressemble davantage à la grande expédition d'Egypte de Napoléon, qu'à une entreprise ordinaire de canalisation. Un prince d'Autriche est monté à l'assaut de Beyrouth, il ne serait pas indigne d'un prince de France, de vaincre deux mers, de joindre deux mondes. Aux amiraux anglais nous ne devons pas opposer des ingénieurs ordinaires de première classe des ponts-et-chaussées, ni même un ingénieur en chef; il nous faut mieux que cela, plus que cela, il nous faut des hommes politiques, et, si j'étais M. Jaubert, j'aimerais mieux cela que le ministère des travaux publics, ou le chemin de fer de Paris au Havre.

Pourquoi Michel Chevalier n'ambitionnerait-il pas une pareille mission, lui qui s'est élevé très au dessus de son petit grade d'ingénieur, et qui, indépendamment de ses grands travaux sur l'Amérique et sur la France, a pris une position politique assez digne ? Que veut-il être en France ? Député ? Je ne lui crois pas une ambition de ce genre, une ambition aussi mesquine, aussi intempestive ; ce serait un anachronisme. Professeur d'économie politique? Je vous ai déjà dit ce que je pensais de cette fantaisie; il ne peut la considérer lui-même que comme un moyen d'arriver à une position politique. Rédacteur des *Débats?* Mais en voilà assez; il a trente-six ans, si je ne me trompe.

Qu'il prenne avec lui Fournel qui a lui-même provoqué Méhémet-Ali, en 1833, et qu'ils se mettent tous deux en tête de l'œuvre qu'ils ont prêchée si chaudement, pour ainsi dire, avant que personne y songeât en France.

Après la dispersion du Saint-Simonisme, Pereire et Flachat ont exécuté, sous les yeux des Parisiens, le chemin de fer modèle qui a été l'occasion et l'exemple nécessaires pour lancer l'industrie française dans cette voie; aujourd'hui, c'est l'industrie du monde entier qu'il faut lancer dans une voie nouvelle; ce ne sont plus des voies de *communications* nationales, mais des voies de *communion* universelle qu'il faut enseigner aux nations, et dont il leur faut un modèle; il faut que du passage de Suez ressorte celui de Panama, et que la mer se couvre de bateaux à vapeur, sur toute la ligne qui joint l'Europe aux Indes, comme sur celle qui joindra les Etats-Unis à la Chine. Ce que Pereire et Flachat ont pu faire avec le secours de Rothschild, il faut le faire aujourd'hui avec l'aide de la France.

Mais ce ne sont pas là des hommes politiques, direz-vous peut-être; au contraire, ce sont des hommes politiques, ce sont des ingénieurs qui voient autre chose que de l'industrie dans l'industrie, tandis que les ingénieurs en général n'y voient que ça, et malheureusement ceux qui sont restés dans le cadre gouvernemental des ponts-et-chaussées ont la vue courte, tandis que c'est presque un signe infaillible de vue longue que d'avoir *quitté le corps*, et d'avoir cherché fortune dans des voies plus larges et plus neuves.

Napoléon a formé le cadre de sa grande armée dans la campagne d'Egypte; il faut que le gouvernement forme le cadre de sa grande armée pacifique en Algérie, en Egypte, en Orient; c'est là seulement que se trouvent vivantes les inspirations de l'*autorité*; elles sont mortes chez nous.

Et d'ailleurs, la routine parlementaire obligeât-elle à employer des hommes ayant un caractère politique, comme on l'entend vulgairement, c'est-à-dire quelques députés ou même des pairs de France, il y a la ressource d'une *commission*, et dans celle-ci Lamartine et Jaubert, de Broglie et Montalembert figureraient, je crois, fort utilement. Ce qu'il faut là surtout, c'est de la jeunesse, le besoin de choses neuves et grandes, le sentiment de la dignité de la France, une ferme volonté et, par dessus tout, la conscience de la puissance actuelle des procédés pacifiques de l'industrie dans la politique humaine, conscience que nos vieux politiques n'ont pas du tout.

Pour me résumer sous ce rapport, je dirai : il faut des hommes politiques, en ce sens, qu'il faut des *hommes nouveaux d'une politique nouvelle*. Il faut découvrir pour cette œuvre les hommes qui, dans dix ans, par exemple, seront les hommes politiques de la France. Or, si, il y a dix ans, on avait cherché dans le sein de la société les hommes qui sont aujourd'hui nos hommes politiques, il aurait fallu les découvrir parmi les *avocats*, les *professeurs* de philosophie et d'histoire, les *rhéteurs* de tous genres ; en ce moment, les hommes de la politique future sont *ingénieurs*, font de l'*industrie* et non pas de la rhétorique et de l'argutie. J'ajoute encore : et surtout ils ne font pas la guerre, ne jouent pas au soldat ; ce qui le prouve, c'est que nous n'avons pas la guerre.

Voici donc les régimens que je voudrais voir organiser par le prince, régimens avec lesquels il pourrait conquérir, pour lui, pour eux, pour la France, mille fois plus de gloire qu'avec les tirailleurs de Vincennes, qui lui prennent malheureusement son temps, lesquels tirailleurs ne pèseront pas une once dans la grande question d'Orient qui agite le monde.

Pour exprimer toute ma pensée, je vous dirai qu'il m'arrive souvent de me prendre à regretter que ma position ne me permette pas de me mettre personnellement dans cette grande entreprise. Je me dis souvent : est-ce que le seul but de mon voyage d'Egypte a été, quant à moi, de me mettre à même de *dire* ou d'*écrire* quelque chose pour ce pays, mais de ne rien *faire* pour lui. Quand je songe à ces braves amis qui m'y ont suivi, et surtout à ceux que la peste, la fatigue et aussi la misère y ont enterrés, au nombre de douze ; lorsque je réfléchis aux liens d'affection que j'y ai formés, et qui se sont encore resserrés et étendus depuis, par l'influence d'hommes tels que Lambert et Bruneau ; lorsque je trouve même dans le représentant actuel de la France en Egypte, et jusque dans son intermédiaire de Malte, des anciens amis de jeunesse ; enfin, lorsque je me rappelle mon séjour au milieu du désert de Suez, ma visite des ruines de cet antique canal, et même l'inutilité de mes efforts pour amener l'Egypte à entreprendre ce qui ne peut se faire que par la science et l'industrie européennes, j'ai peine à concevoir qu'au moment où l'Europe enfin se mettra à l'œuvre, je regarderai avec un long télescope, et la plume à la main, la France réalisant l'un de mes plus grands rêves ! Et pourtant la barrière est là, elle n'est pa levée ; ce n'est pas à moi à la franchir ou à la briser.

Il y a dans pareille œuvre, non seulement la gloire de tout un siècle, mais le germe de la politique de tous les chefs des peuples dans l'avenir ; elle serait le premier jour d'une nouvelle ère pour l'humanité, car elle consacrerait la fin de l'esprit de conquête ; elle serait le premier acte de l'esprit d'association, d'union, de religion universelle ; elle serait la gloire éternelle du peuple qui l'introduirait dans le monde ; elle serait, pour l'histoire des hommes, plus que le *Romain-Grec* Constantin, plus que le *barbare* Charlemagne, s'emparant l'un et l'autre de la pensée qui devait régir l'Orient et l'Occident pendant bien des siècles, et commandant à l'Europe la grande marche vers l'avenir et l'abandon du passé. Lorsque je verrai exécuter cette *conversion de pied ferme*, j'irai tranquillement comme les Juifs rejoindre mes Pères, et comme les Chrétiens dans un monde nouveau ; mais jusque-là, je l'avoue, l'*arme au bras* m'est pénible ; je brûle du désir de me rapprocher de ce moment où l'on commandera, de haut et franchement, à l'humanité qui fait face en arrière, *demi-tour* et *en avant!* Alors tous les roquets qui nous mordent les jambes, tous ces *avocassiers* qui bavardent, seront obligés de prendre leurs petites jambes à leur cou et de se taire.

FIN.

www.ingramcontent.com/pod-product-compliance
Ingram Content Group UK Ltd.
Pitfield, Milton Keynes, MK11 3LW, UK
UKHW012028240726
13965UKWH00002B/645